"1+X"职业技能等级证书系列教材

新居住数字化经纪服务系列教材

新居住数字化经纪服务

（初级技能）

贝壳找房教育中心　组织编写

中国建筑工业出版社

图书在版编目（CIP）数据

新居住数字化经纪服务．初级技能 / 贝壳找房教育
中心组织编写．—北京：中国建筑工业出版社，2021.6（2023.8 重印）
"1+X"职业技能等级证书系列教材 新居住数字化
经纪服务系列教材
ISBN 978-7-112-26262-5

Ⅰ．①新… Ⅱ．①贝… Ⅲ．①房地产业—经纪人—技
术培训—教材 Ⅳ．① F293.3

中国版本图书馆 CIP 数据核字（2021）第 125204 号

　　本教材是"1+X"职业技能等级证书中"新居住数字化经纪服务"系列教材的"初级技能"分册，是培养房地产经纪服务人才初级技能的专用教材。本教材根据最新房地产行业动态和最新房地产经纪知识，紧扣新居住数字化经纪服务职业标准和企业实践，以房地产经纪业务的工作过程为主线，系统设计了社区调研与分析、新建商品房销售、房源信息搜集与市场推广、客源信息搜集与管理、线上约看讲房与签约、服务品质管理、社区服务运营、智能设备与技术应用等工作领域，每个工作领域由技能要求、工作任务、相关案例、经验及图表、小结以及实训题思考题等组成，同时工作任务又安排有任务情景、任务分析、任务流程、任务实施、必备业务知识、必备业务要领、任务拓展等内容，重点突出了房地产经纪业务操作策略、操作流程以及操作技巧，趣味性、可学性和可用性强，注重初级职业技能的养成。

　　本教材不仅可作为房地产类专业及相关专业在校学生职业技能等级证书考试用书，也可作为房地产企业、经纪公司岗位培训的实用教材，还是从业人员必备的工具型实践参考图书和职业提升的实用读本。

　　为更好地支持相应课程的教学，我们向采用本书作为教材的教师提供教学课件，有需要者可与出版社联系，邮箱：jckj@cabp.com.cn，电话：(010) 58337285，建工书院：https://edu.cabplink.com（PC 端）。

责任编辑：张　晶　牟琳琳
责任校对：姜小莲

"1+X"职业技能等级证书系列教材
新居住数字化经纪服务系列教材
新居住数字化经纪服务（初级技能）
贝壳找房教育中心　组织编写
＊
中国建筑工业出版社出版、发行（北京海淀三里河路 9 号）
各地新华书店、建筑书店经销
北京雅盈中佳图文设计公司制版
北京云浩印刷有限责任公司印刷
＊
开本：787 毫米 ×1092 毫米　1/16　印张：13¼　字数：259 千字
2021 年 8 月第一版　2023 年 8 月第二次印刷
定价：**42.00** 元（赠教师课件）
ISBN 978-7-112-26262-5
　　（37852）

教材编写委员会

主　　任：陈林杰　南京工业职业技术大学

副 主 任：薛红蕾　贝壳找房（北京）科技有限公司

顾问委员：

左东华　贝壳找房（北京）科技有限公司

李文杰　贝壳找房（北京）科技有限公司

委　　员：（按姓氏笔画排序）

马文琦　贝壳找房（北京）科技有限公司

刘　燕　内蒙古建筑职业技术学院

李　敏　江苏城乡建设职业学院

陈　静　无锡城市职业技术学院

封永梅　成都职业技术学院

赵小娥　湖南城建职业技术学院

胡永华　天津国土资源和房屋职业学院

梁　慷　南京工业职业技术大学

隆林宁　南宁职业技术学院

蒋　英　江苏城乡建设职业学院

曾福林　湖南城建职业技术学院

雷　华　广州城市职业学院

樊　群　南京工业职业技术大学

戴小清　南京工业职业技术大学

前　言

随着国家"1+X"证书制度的试点实施，2020年"新居住数字化经纪服务"成为教育部第四批试点的职业技能等级证书。职业技能等级标准教材作为知识与技能的载体，是落实"1+X"证书制度至关重要的一环。在"1+X"证书制度下，我们开发了新居住数字化经纪服务职业技能等级证书系列教材。新居住数字化经纪服务职业技能等级证书系列教材包括《新居住数字化经纪服务（基础知识）》《新居住数字化经纪服务（初级技能）》《新居住数字化经纪服务（中级技能）》以及《新居住数字化经纪服务（高级技能）》四本。

教材开发的依据：以新居住数字化经纪服务职业技能等级标准为主要依据，同时兼顾房地产类专业教学标准和房地产经纪、房地产营销等相关课程标准。

教材开发的主体：在人力资源与教育主管部门、南京工业职业技术大学等职业学校、贝壳找房（北京）科技有限公司培训评价组织、房地产行业、企业等多个部门的联动配合下成立教材开发委员会，教材的开发由这些部门的"行业专家、企业专家、教学专家、课程与教材开发专家、技能测评专家"共同进行，使教材对接专业教学需求、企业生产需求以及职业技能测评需求。

教材的主要内容及特点：

（1）内容框架。与教材开发依据的标准相呼应，教材内容覆盖专业教学标准、课程标准中明确规定的房地产"基本知识点体系"，确保学生能学到该专业和课程的基本知识与基本技能。同时，教材重点覆盖新居住数字化经纪服务职业技能等级标准中的"职业技能"与"主要内容"，据此确定教材的"证书考核技能点体系"，确保学生能同时学到对接职业标准的职业技能。

（2）难易程度。新居住数字化经纪服务职业技能等级证书系列教材由易到难分为初、中、高三个等级，对应职业技能等级标准的三个"技能等级划分"和"面向对象"。初级一般对应中职和高中毕业生（含在校应届毕业生），中级一般对应高职毕业生（含在校应届毕业生），高级一般对应本科毕业生（含在校应届毕业生）。

（3）配套题库。涵盖技能考证主要内容，包括基础任务题库和技能过关任务题库。基础任务题库针对单元基本知识点与技能点的测试题，旨在使学生系统掌握基本知识体系；技能过关任务题库针对技能等级要求，模拟考证真题，强化学生技能，对接考证需求。

教材的组织结构与编排顺序：

（1）工作过程导向。教材对接职业标准，按照房地产经纪企业实际服务过程编排教材内容，实现教学过程即生产服务过程。

（2）按典型工作任务聚合特定知识与技能。教材建构基于典型工作任务的知识与技能点网络，使学生在学得相关知识与技能后，便能完成房地产经纪某一工作领域特定的工作任务。

（3）从一般能力到职业能力。职业技能等级标准将职业能力要求分为"一般要求"（所有级别人员都需具备）和"职业能力要求"（特定级别需具备），教材内容的组织和编排也对应"一般要求"和"职业能力要求"。

教材的呈现形式：类似于房地产经纪企业员工的日常教材"岗位操作手册"，将知识点、技能点融合在岗位工作任务、工作流程和操作规范中，使学生学习教材就如同企业员工学习岗位操作规程。

教材由贝壳找房教育中心组织编写，南京工业职业技术大学陈林杰教授、贝壳找房教育中心总经理薛红蕾牵头组织编写了教材的具体内容，贝壳找房的张勇为本书的编写提供支持。限于编者的能力和水平，教材中的错误在所难免，敬请各位同行、专家和广大读者批评指正，以使教材日臻完善。编者将继续深入研究"1+X"证书制度，努力提升教材开发水平，使教材真正成为帮助学生获得房地产职业技能等级证书的有效且高效的学习工具，拓宽学生就业创业本领，适应新时期房地产业发展的需要。

需要说明的是，教材主要案例是以南京市为例，因此其中涉及的购房资质、贷款资质等相关规定均系南京地方政策，不代表全国其他地区政策，但各个任务操作过程在全国其他城市具备借鉴意义。教材中的职业技术技能考核点鉴定，需要进一步完善更加客观和可量化的鉴定方法。

目 录

01

工作领域 1　社区调研与分析

 工作领域描述

　　社区调查是房地产经纪业务的"眼睛"，社区调查可以了解社区人口集体与特定生活环境、居住条件以及社会条件，目的是为后续房地产经纪业务开展提供基础和参考依据。房地产经纪人员只有充分了解和把握社区详细情况后，才能做出正确的经纪业务方案。社区调查是房地产经纪服务的基本功，是实现精准服务、确保服务品质的基础工作。所以，尽管社区调查不是房地产交易服务的核心业务环节，但同样是经纪服务人员的重要工作领域，需要具备相应的工作技能。

 工作领域内容

　　1. 社区调查；

　　2. 信息整理；

　　3. 信息分析。

 工作技能要求

　　1. 能够理解房地产经纪服务职业标准和工匠精神；

　　2. 能够设计社区调查表、制定调查计划；

　　3. 能够采用多种方法开展调查；

　　4. 能够对调查取得的数据进行分类整理；

　　5. 能够对整理的数据进行科学分析，形成社区调研与分析报告。

任务 1　社区调查

1.1　任务情景

孙 ×× 是刚毕业的大学生，因家庭经济状况一般，还有妹妹在上初中，所以他选择了收入水平较高的房地产经纪行业，希望自己工作后能为家庭缓解一下经济压力。孙 ×× 到公司报到后，参加了公司人事部组织的系列岗前培训。丰富多彩的新居住数字化经纪服务基础知识培训很快结束了，收获满满，考试成绩也是 A 级，孙 ×× 有点小成就感。紧接着，公司安排他到瑞金路门店参加技能培训，还安排了一个业务师傅叫王 ××。听说这个王 ×× 带徒弟很严厉，孙 ×× 不敢马虎，为了给王师傅一个好印象，他连夜温习了刚刚学到的经纪服务基础知识，主要有：

（1）房地产经纪概述

1）房地产经纪及作用

2）房地产经纪活动方式及收入

3）房地产经纪信息及管理

4）房地产经纪人员与机构

5）房地产经纪行业

（2）房地产经纪职业道德与服务要求

1）房地产经纪职业道德

2）新居住数字化经纪服务的职业修养

3）新居住数字化经纪服务的职业规范

4）新居住数字化经纪的服务要求

5）新居住数字化经纪服务的价值观与诚信体系

（3）房地产经纪术语

1）房地产经纪基本术语

2）房地产经纪行业术语

3）房地产经纪业务术语

4）新房买卖专业术语

5）个人住房商业性贷款术语

6）平台专业术语

（4）房地产基础知识

1）房地产概述

2）建筑基础

3）房地产价格及影响因素

4）房地产市场

5）房地产金融和贷款

6）土地与城市分区

7）房地产开发商与房地产开发

8）房地产交易税费

（5）房地产交易与经纪业务流程

1）房地产交易形式与流程

2）房地产交易合同

3）存量房买卖、租赁经纪业务流程与合同

4）新建商品房销售代理业务流程与合同

5）房地产经纪业务风险管理与客户关系管理

（6）房地产交易法律法规

1）《民法典》总则编

2）《民法典》合同编

3）《民法典》物权编

4）《民法典》婚姻家庭编

5）《民法典》继承编

6）《刑法》

7）《消费者权益保护法》

8）《房地产广告发布规定》

9）《房地产经纪管理办法》

10）房地产经纪服务常见的纠纷案件适用的法律知识

王 ×× 是公司的王牌经纪人，坚守经纪服务岗位 10 余年。他从业务助理、业务员、业务骨干、业务主管一直升到门店店长，一路走来，技能精湛，业绩骄人。王 ×× 也是公司的王牌培训师，带的徒弟全公司最多，成才率全公司最高，徒弟遍及多家门店，有不少也成长为店长。公司对王 ×× 的评价是"业绩之王，以技济人"。

孙 ×× 经人事部引荐，今天正式拜师王 ×× 了。

王 ×× 桃李满公司，多年来形成了一套被公司高度认可的规范的"任务驱动"带徒方法：

（1）任务分析，明确任务内容；

（2）任务流程，梳理任务步骤；

（3）任务实施，按照流程手把手教和做中学；

（4）任务必备的业务知识讲解；

（5）任务必备的业务要领传授；

（6）任务拓展，延伸技能；

（7）综合实训，强化技能。

今天是孙××的第一次岗位技能训练，王××下达的第一个任务就是"社区调查"。

王××用他娴熟的带徒经验规范指导徒弟孙××开启了他的"社区调查"。

1.2 任务分析

社区调查一般每半年或一年进行一次，每次社区调查都是对上次信息的修订完善。社区调查任务内容主要有5项：

（1）社区区域及楼盘调查；

（2）社区人群及居住情况调查；

（3）社区配套设施调查；

（4）社区文化特点调查；

（5）社区内现有的组织调查。

1.3 任务流程

社区调查任务流程有10个步骤：

（1）确定调查对象；

（2）明确调查目标；

（3）确定调查方法；

（4）调查准备；

（5）社区区域及楼盘调查；

（6）社区人群及居住情况调查；

（7）社区配套设施调查；

（8）社区文化特点调查；

（9）社区内现有的组织调查；

（10）原始信息归集。

1.4　任务实施

1. 确定调查对象

一般选择经纪门店所在社区，如瑞金路门店所在瑞金新村社区。

2. 明确调查目标

调查目标就是社区要素现状，即社区区域及楼盘、社区人群及居住情况、社区配套设施、社区文化特点、社区内现有的组织等要素现状调查。如：瑞金新村社区的调查目标就是取得较全面的瑞金路门店所在瑞金新村社区的第一手资料，形成社区调查任务内容中 5 个方面的调查信息表或图，为后续"信息整理""信息分析"调研环节提供基础数据信息。

3. 确定调查方法

（1）文献法。查阅小区相关现有资料，包括线上的、线下的资料。

（2）观察法。现场考察，全面深入社区调研，又叫普查，是对调研对象总体所包含的全部组织进行调研。

（3）访谈法。向社区居民、社区内的组织沟通交流，了解第一手信息。

（4）座谈法。举行小型座谈会，邀请社区休闲老人 3~8 人参加。

（5）问卷调查法。向社区人员发放调查问卷并取得第一手书面信息。

4. 调查准备

（1）调查表。事先设计打印好，便于填写调查信息。一项社区调研工作至少应设计以下调查表格，见表 1-1。

社区调查统计表　　　　　　　　　　　　　　　表1-1

社区名称			调研目的			
调查地点		调查人员			调查时间	
序号	调查项目		内容描述			备注
1	社区区域及楼盘（社区地理位置四至、社区楼盘数、社区各功能区位置等）					
2	社区人群及居住情况（社区居住人口规模、居民年龄占比、自住与租住的占比等）					
3	社区配套设施（购物配套设施、医疗配套设施、教育配套设施、小区生活配套设施等）					

续表

社区名称			调研目的			
调查地点		调查人员		调查时间		
序号	调查项目		内容描述			备注
4	社区文化特点（社区地理位置特色、社区人文特色）					
5	社区内现有的组织[物业管理公司、居委会（含党组织）、社区文化团体、社区卫生服务中心等]					
6	其他					

（2）物料准备，包括交通工具电动自行车，通信、照相、录音工具5G手机以及纸笔、记录本、名片等。

5. 社区区域及楼盘调查

调查社区地理位置四至、社区楼盘数、社区各功能区位置等信息，形成"社区区域及楼盘调查信息表或图"。

案例：瑞金新村社区区域及楼盘调查

（1）地理位置四至。瑞金新村社区位于南京主城东部，瑞金路南侧，占地面积0.14 km²。瑞金新村社区东至御道街辅路、西至解放南路、南至明御河、北至瑞金路。瑞金路社区地理位置如图1-1所示。

图1-1 瑞金路社区地理位置

（2）社区楼盘数。社区内有瑞金路36号（瑞金新村小区）、瑞阳街1号小区、御道街34号小区、瑞金路50号小区。

（3）社区各功能区位置。居住区在中间，商业及生活配套在瑞金路上，区内有瑞金路小学、西面有南京市一中（初中部），休闲有南面明御河和西南角明御河公园。

6. 社区人群及居住情况调查

调查社区居住人口规模、居民年龄占比、自住与租住的占比，形成"社区人群及居住情况调查信息文字、表或图"。

案例：瑞金新村社区人群及居住情况调查

（1）社区居住人口规模。现有户籍人口3799户，居民1.05万人。

（2）居民年龄占比。社区居民老年化程度高，60岁以上老人达到2560多人，占到社区常住人口的25%。

（3）自住与租住的占比。社区流动人员多，自住与租住的比例大概为3：1。

7. 社区配套设施调查

调查购物配套设施、医疗配套设施、教育配套设施、小区生活配套设施等，形成"社区配套设施调查信息文字、表或图"。

案例：瑞金新村社区配套设施调查

瑞金新村社区整体环境配套设施齐全、居民生活便利。辖区内有超市2个、卫生服务站1个、小学1所、幼儿园1个、社区老年公寓1个、社区培育的社会组织家政服务中心1个、"四点钟学校"1个等。

8. 社区文化特点调查

调查社区地理位置特色、社区人文特色，形成"社区文化特点调查信息文字、表或图"。

案例：瑞金新村社区文化特点调查

瑞金新村社区位于南京市城东，建于 1978 年，在地理位置上是主城区的次中心地带。社区人口稠密，人文特色鲜明。瑞金新村社区是一个有着光荣传统的先进小区，社区工作在党建、绿化、城市管理、社区服务（自愿服务、困难帮扶）、文明健康、平安和谐等方面多次获得国家、省、市先进称号。如"惠风园"是社区打造的志愿者工作站，根据居民和社区工作需要将志愿者服务作为岗位确定下来，公开招聘，统一培训，规范管理，保证志愿者工作的常态化。现已注册 1000 余人，可以提供以小助老（陪聊）、以特长助老（义诊、修脚）、以老助老"三帮一"护绿、义务联防、爱心服务等类型。志愿者工作站同时还是一个社区残疾人活动中心，开展巧手编织和联谊活动。

9. 社区内现有的组织调查

调查社区内现有的组织，包括调查物业管理公司、居委会（含党组织）、社区文化团体、社区卫生服务中心等，形成"社区内现有的组织调查信息表或图"。

案例：瑞金新村社区内现有的组织调查

瑞金新村社区内现有的组织有：4 家物业管理公司、1 个社区卫生服务中心、4 个居委会；党组织设有 1 个社区党委，下设 4 个居民支部、8 个非公企业支部、1 个在职支部；社区文化团体有舞蹈队、老年合唱团、空竹队以及书法社。

10. 原始信息归集

把 5~9 所采集的原始信息归集在一起，形成原始的社区调查信息。

1.5 必备业务知识

1. 社区调查

社区调查是指在一定地域范围内的调查，通过运用科学的方法和手段对具体社区的资料进行搜集，以了解社区人口集体与特定生活环境、居住条件、社会条件与社会管理相互关系的方法。

2. 社区及基本要素

（1）社区

社区是指若干社会群体或社会组织聚集在某一个领域里所形成的一个生活上相互关联的相对独立的社会共同体，是社会有机体最基本的内容，是宏观社会的缩影，像一个大家庭。

（2）社区基本要素

1）共同生活的人群；

2）赖以生产生活的地理位置、居住环境和自然环境；

3）组织和管理社会生活的制度和机构；

4）满足社会生活需要的各种服务设施。

3. 社区调查意义及方法

（1）社区调查可取得较全面的第一手资料，经过综合、分类与分析，列出问题，作出结论，提出建议，为后续房地产业务开展提供参考依据。社区调查是房地产经纪业务的"眼睛"，房地产经纪人员只有充分了解和把握社区详细情况后，才能做出正确的经纪业务方案。

（2）社区调查是一个横向综合调查，社区调查方法没有固定的模式。通常方法是从社区生活状况和现象入手：

1）先平面后纵深，再到主体的考察；

2）先历史后发展，再到全面的考察；

3）先具体后分类，再到网络的考察。

1.6　必备业务要领

1. 制定调研计划

调研活动需要周密的计划，包括人员、时间、资金、工具等方面的安排。根据调研目的成立调研小组，选派有关调研人员，明确调研起始时间、结束时间、进度结点以及调研方法，配置车辆、计算机、录音机等调研工具，做好调研资金预算，确保计划的有效执行。

2. 调查表格设计

为了确保调研的成功，必须设计好调查表格，调查表应该包含所要调查的全部内容，见表 1-1。

3. 调查中的行为规范

调查需要与多人见面交谈沟通。见面中只有既讲究实在，又讲究艺术，才能够取得会见的最佳效果。常用的行为规范：

（1）问候时最好称呼姓名。第一句话可能是："您好，见到您很高兴。"但这却不如说："王经理，您好，见到您很高兴。"从感受上，后者比前者要热情得多。

（2）如果对方没请你坐下，最好就先站着交谈。

（3）主动开始谈话，珍惜见面时间。尽管对方已经了解到你的一些情况和来访目的，你仍有必要主动开口。你可再次对某些问题进行强调和说明。这不仅仅反映一个人的精神面貌，也是礼貌的需要。

（4）请不要急于出示随身带的资料或礼物。只有在你提及了这些东西，并已引起对方兴趣时，才是出示它们的最好时机。另外，需要事先做好准备，当对方询问你所携带资料中的有关问题时，你应给予详细的解释或说明。

（5）保持相应的热情。在谈话时，你若对某一问题没有倾注足够的热情，那对方会马上失去谈这个问题的兴趣。

（6）学会听的艺术。听有两个要求，首先要给对方留出讲话的时间，其次要"听话听音"。如对方首先讲话，不可打断对方。应做好准备，以便利用恰当的时机给对方以响应，鼓励对方讲下去。记住：不论是社交场合，还是在工作中，善于倾听乃是一个人应有的素养。

（7）避免不良的动作和姿态。玩弄手中的小东西，用手不时地理头发、搅舌头、清牙齿、掏耳朵、盯视指甲、顶棚或对方身后的字画等，这些动作都有失风度。也不应忘记自己的身份去故作姿态、卖弄亲近，如："咱俩无话不谈，要是对别人，我才不提这个呢！"俚话和粗话更应避免。

（8）如果对方资历比你浅，学识比较低，你应格外留心自我优越感的外露在介绍自己时你应该谨慎一些，对对方可以表示赞佩。过度的关心和说教应该避免，要表现出诚意和合作精神。

（9）注意衣着和发式。衣着和发式不整洁，往往会给对方留下不好的第一印象。

（10）见面结束时，不要忘记带走你的帽子、手套、公事包等。告别语应适当简练，尽量避免在临出门时又引出新的话题。

4. 调查中的交流沟通

调查需要与多种类型的人进行语言交流沟通。语言沟通和行为一样也讲究艺术，这样才能够取得调查的最佳效果。常用的语言沟通技巧：

（1）用对方听得懂的语言进行沟通，是沟通成功的保障。不要简单地认为所有人都和自己的认识、看法、高度是一致的，对待不同的人，要采取不同的沟通方式，要用别人听得懂的语言进行沟通。

（2）做一次音色和语调的自我检查。把自己要讲的话录音5min，听听是否清晰，喉音、鼻音是否太重？语速怎样？语调老成、平淡吗？如不满意，改进后再录一段听听。

（3）要善于"理乱麻"，学会清楚地表达。讲话不会概括的人，常常引起人们的反感，叙事没有重点、思维头绪混乱的人，常常迫使人们尽量回避他。

（4）学会巧妙地与别人交谈。与别人交谈时他们最感兴趣的话题是他们自己。尽量使用这些词——"您"或"您的"，而不是"我""我自己""我的"。记住：要学会引导别人谈论他们自己。

（5）控制好发言。一定要明白和清楚你所说的内容。说话时，请注视着对方，谈论一些对方感兴趣的话题。不要试图演讲，自然地说话就可以了，保持自己的本色。

（6）令别人觉得重要。赞许他们，关心他们的家人。在回答他们的话之前，请稍加停顿。表现出专注倾听并认真思考他说话的样子。

（7）赞同别人。学会赞同和认可，将自己培养成一个自然而然赞同别人和认可别人的人。当你赞同别人时，一定要说出来。点头并说"是的""对"，或注视着对方眼睛说"我同意您的看法""您的观点很好"。

（8）避免与人争论。

1.7　任务拓展

1. 探索更多的社区调研方法

（1）市场调研方案设计是多样的，搜集数据可以采用实地调研、座谈会、面访、电话访谈或邮寄调研等方法。社区调研展开的程度有伸缩性，所搜集数据的多少和复杂程度是可以选择的，选择何种调研方法取决于所需要的信息和所计划的经费。

（2）社区环境直接影响着房地产产品的价格，这是房地产商品特有的属性。社区调研除了上面5个方面内容外，还有社区繁荣程度、居民素质、交通和教育的便利、安全保障程度、卫生、空气和水源质量及景观等方面。

（3）重点调研。以有代表性的社区组织或居民作为调研对象，进而推断出一般结论。

（4）抽样调研。就是从调查对象全体（总体）中选择若干个具有代表性的个体组成样本，对样本进行调查，然后根据调查结果可推断总体特征的方法。抽样调研大体上可以分成两大类：一是随机抽样，二是非随机抽样。

2. 探索更多的沟通技巧

除社区调查需要沟通技巧外，经纪业务更需要沟通技巧。沟通涉及各式各样的活动：交谈、劝说、教授以及谈判等，要在这些活动中游刃有余，需要积极探索更多与人沟通的技巧，这一点十分重要。

（1）丰富沟通技巧。包括：积极地询问；询问的辅助语言；使用您的眼睛；使用您的面部和双手；使用您的身体；使用您的声音；倾听技巧；气氛控制技巧；推动技巧；自信的态度；体谅他人的行为；适当地提示对方；有效地直接告诉对方；善用询问与倾听等。

如培养自信的态度，建立自信的几种方法：①高度认识到人际交往的核心是沟通，沟通的核心就是自信；②提升自己的外在形象；③学会自我激励；④当众发言；⑤沟通时正视他人的眼睛。

（2）避免沟通错误。常见沟通错误：没有正确地阐述信息；给人以错误的印象；没有恰当地聆听等。糟糕的沟通模式：低俗笑话；哭泣；听起来缺乏教养；咒骂；打情骂俏；抓耳挠腮；逃避眼神接触；语无伦次；笑声太多；大声说话等。

任务 2　信息整理

2.1　任务情景

孙 ×× 在师傅王 ×× 的指导下跑了几天的西江瑞府，获取了大量社区信息。

王 ×× 看到孙 ×× 收集回来这么多社区信息，非常满意，今天就又给孙 ×× 布置了"信息整理"的任务，把前面收集到的大量社区信息分门别类整理出来。

2.2　任务分析

社区调查信息整理任务内容主要有 5 项：

（1）社区区域及楼盘调查信息整理；

（2）社区人群及居住情况调查信息整理；

（3）社区配套设施调查信息整理；

（4）社区文化特点调查信息整理；

（5）社区内现有的组织调查信息整理。

2.3　任务流程

社区调查信息整理任务流程有 7 个步骤：

（1）工作准备；

（2）信息鉴别；

（3）信息筛选；

（4）信息整序；

（5）信息编辑；

（6）分类编号；

（7）信息呈现。

2.4　任务实施

1. 工作准备

（1）提取前期社区调查归集的信息。

（2）物料准备，主要是电脑、统计工具 Excel 等。

2. 信息鉴别

对社区调查信息的准确性、真实性、可信性进行分析，判断误差的大小和时效的高低，剔除人为主观的部分，使之准确、客观。信息在实效上以最新的，最好是当年当月的信息为主。

3. 信息筛选

对已鉴别的社区信息进行挑选，减少信息的数量，将无用信息删除，保留有用信息，既减少以后整理加工步骤的工作量，又减少以后查询所需的时间。难以找到最新的信息，可以从旧信息中选用最靠谱的符合实际情况的信息。

4. 信息整序

将不同的、杂乱无序的社区信息按一定标准、方法加以整理归类。将相同的信息归为一类，将性质相似的类别排在一起。社区调查信息主要按"社区区域及楼盘""社区人群及居住情况""社区配套设施""社区文化特点""社区内现有的组织"标准，归为 5 类。

5. 信息编辑

对整序的信息进行具体的文字整理，要注意简单明了、重点突出，同时要注意语义表达的准确性。

6. 分类编号

把社区调查资料编入适当的类别并编上号码，以便于分析、查找、归档和使用。主要按 5 个类别，按时间从旧到新顺序进行编码。

7. 信息呈现

信息通过加工整理之后，通常以表格、图片、文字报告等形式展现出来。其中，表格又是最常见的一种。

2.5　必备业务知识

1. 信息整理及意义

（1）信息整理，就是根据调查目的，运用科学方法，对调查所得的各种原始资料进行审查、检验和分类汇总，使之系统化和条理化，从而以集中、简明的方式反映调查对象总体情况的工作过程。

（2）信息整理的意义：

1）信息整理是社区调查研究中十分重要的环节。通过社区调查取得的原始资料都是从各个被调查对象收集来的、零散的、不系统的资料，只是反映社区的表面现象，不能说明社区总体的全貌和内在联系。而且收集的信息资料难免出现虚假、差错、短缺、余冗等现象，只有经过加工整理，才能使调查资料条理化、简明化，确保调查资料的正确性和可靠性。

2）资料的整理，可以大大提高调查资料的使用价值。调查资料的整理过程是一个去粗取精、去伪存真、由此及彼、由表及里、综合提高的过程。它能有效提高信息资料的浓缩度、清晰度和准确性，从而大大提高调查资料的使用价值。

3）资料的整理也是保存调查资料的客观要求。调查得到的原始信息资料，是企业做出决策的客观依据，也对今后研究同类社区具有重要参考价值。因此，每次调查后都应认真整理调查的原始信息资料，以便于今后长期保存和研究。

2. 统计数据

统计数据是对客观现象进行计量的结果。根据对事物计量的精确程度和结果来看，可将统计数据分为分类的数据、顺序的数据和数值型数据。分类的数据是对事物进行分类的结果，该类数据表现为类别。有些现象的计量不仅可以将事物分为不同的类别，还可以确定这些类别的优劣或顺序。

统计指标是用于说明总体数量的特征，它是统计的基本单元，存在于统计活动的各个环节，统计的各种作用最终也要通过统计指标来实现。统计指标的分类，见表1-2。

统计指标的分类　　　　　　　　　　　表1-2

分类标准	类别		
按说明总体的内容分类	数量指标	质量指标	
按形成的依据分类	客观指标	主观指标	
按在认识中的作用分类	基础指标	分析指标	
按表现形式分类	总量指标	相对指标	平均指标
按功能和用途分类	描述性指标	分析性指标	决策性指标

2.6　必备业务要领

资料的整理对房地产经纪市场调查人员来说，也是一个对社区现象认识、深化的过程。如果说，实地调查阶段是认识社区现象的感性阶段，那么，整理资料阶段是认识社区现象的理性阶段。信息整理的要领，主要有四个方面：

（1）重视信息的系统性。房地产市场和房地产交易服务活动纷繁复杂，房地产经纪所需要的信息必须是大量的、系统的、连续的。经纪业务人员要不断地收集、加工、传递和利用社区信息，通过其连续性及时了解房地产市场的变化和趋势，促进房地产交易服务活动顺利进行。

（2）加强信息的目的性。房地产信息直接作用于房地产交易服务活动的过程之中，它具有比其他信息更明显的目的性特征。房地产信息的管理，包括收集、加工、整理和利用，都应针对房地产服务活动的目的，如某一个楼盘、某一套房源的出售，以及房地产经纪机构自己所专注的某类目标市场、某类目标客户。只有这样，信息资源才能转化为经济效益。

（3）提高信息的时效性。房地产市场环境和市场主体都在不断地发生变化，因此房地产信息的有效性也随时间而发生变化，房地产信息的利用应提高时效性。一方面要及时更新信息库中的信息内容，另一方面要提高信息利用的效率，尽量使信息在最短的时间内发挥作用。

（4）促进信息的网络化。在房地产信息利用中引入计算机网络，可以改变原有的信息管理、查询方式，提高效率。而且，计算机网络可以突破时间、空间的限制，能够在不同地方、任何时间为客户提供服务。

2.7　任务拓展

探索更多的信息整理方法。如一元笔记法。

一元笔记法是指将所有的信息都存储在一个笔记本上，无论是社区调查、会议记录，还是突如其来的灵感，又或者自己看完楼盘的感想，统统都放在一个笔记本里。

整理信息有三大原则：

（1）统一用一个笔记本记录所有东西；

（2）按照时间顺序记录，不需要对不同内容记在不同的地方；

（3）建立索引，方便查找内容。

尤其是第一个原则，这简直是为迷失在信息海洋的大众们提供了"解药"。我们从各个APP、各个平台都能接收信息，通常我们习惯用它们自带的收藏功能，但是这样会造成信息的分散、容易被遗忘。统一收集就不会出现这种情况。

任务 3 信息分析

3.1 任务情景

孙××在师傅王××的指导下很快就完成了瑞金新村社区调查信息的整理。

王××看到孙××分门别类整理出来的瑞金新村社区调查信息，条理清晰，非常满意，今天就又给孙××布置了"信息分析"的新任务，对前面整理好的大量社区信息进行信息分析，这是"工作领域1社区调研与分析"的最后一个任务。孙××表示很有信心完成这一"信息分析"的新任务。

3.2 任务分析

社区调查信息分析任务内容主要有5项：

（1）社区区域及楼盘现状分析；

（2）社区人群及居住现状分析；

（3）社区配套设施现状分析；

（4）社区文化特点分析；

（5）社区内现有的组织分析。

3.3 任务流程

社区调查信息分析任务流程有7个步骤：

（1）工作准备；

（2）社区区域及楼盘现状分析；

（3）社区人群及居住现状分析；

（4）社区配套设施现状分析；

（5）社区文化特点分析；

（6）社区内现有的组织分析；

（7）形成最终的社区调研报告。

3.4 任务实施

1. 工作准备

（1）调取前期调查获取的经过整理的信息。

（2）物料准备，主要是电脑、统计工具、文件存储硬盘或云盘等。

2. 社区区域及楼盘现状分析

分析社区地理位置四至、社区楼盘数、社区各功能区位置等信息，形成"社区区域及楼盘调查子报告"，见表1-3。

瑞金新村社区调查信息分析结果表　　　　　　　　　　表1-3

社区名称	瑞金新村		调研目的		改进房地产经纪服务业务	
调查地点	瑞金路瑞金新村	调查人员	孙××		调查时间	2020.10.4
序号	调查子项目	情况分析结果				备注
1	社区区域及楼盘（社区地理位置四至、社区楼盘数、社区各功能区位置等）	（1）地理位置四至。瑞金新村社区位于南京主城东部，瑞金路南侧，占地面积0.14km²。瑞金新村社区东至御道街辅路、西至解放南路、南至明御河、北至瑞金路。瑞金路社区地理位置如图1-1所示。 （2）社区楼盘数。社区内有瑞金路36号（瑞金新村小区）、瑞阳街1号小区、御道街34号小区、瑞金路50号小区。 （3）社区各功能区位置。居住区在中间，商业及生活配套在瑞金路上，区内有瑞金路小学、西面有南京市一中（初中部），休闲有南面明御河和西南角明御河公园				
2	社区人群及居住情况（社区居住人口规模、居民年龄占比、自住与租住的占比等）	（1）社区居住人口规模。现有户籍人口3799户，居民1.05万人。 （2）居民年龄占比。社区居民老年化程度高，60岁以上老人达到2560多人，占到社区常住人口的25%。 （3）自住与租住的占比。社区流动人员多，自住与租住的比例大概为3∶1				
3	社区配套设施（购物配套设施、医疗配套设施、教育配套设施、小区生活配套等）	瑞金新村社区整体环境配套设施齐全、居民生活便利。辖区内有超市2个、卫生服务站1个、小学1所、幼儿园1个、社区老年公寓1个、社区培育的社会组织家政服务中心1个、"四点钟学校"1个等				附件有地铁、三甲医院
4	社区文化特点（社区地理位置特色、社区人文特色）	瑞金新村社区位于南京市城东，建于1978年，在地理位置上是主城区的次中心地带。社区人口稠密，人文特色鲜明。瑞金新村社区是一个有着光荣传统的先进小区，社区工作在党建、绿化、城市管理、社区服务（自愿服务、困难帮扶）、文明健康、平安和谐等方面多次获得国家、省、市先进称号。如"惠风园"是社区打造的志愿者工作站，根据居民和社区工作需要将志愿者服务作为岗位确定下来，公开招聘，统一培训，规范管理，保证志愿者工作的常态化。现已注册1000余人，可以提供以小助老（陪聊）、以特长助老（义诊、修脚）、以老助老"三帮一"护绿、义务联防、爱心服务等类型。同时还是一个社区残疾人活动中心，开展巧手编织和联谊活动				
5	社区内现有的组织[物业管理公司、居委会（含党组织）、社区文化团体、社区卫生服务中心等]	瑞金新村社区内现有的组织有：4家物业管理公司、1个社区卫生服务中心、4个居委会；党组织设有1个社区党委，下设4个居民支部、8个非公企业支部、1个在职支部；社区文化团体有舞蹈队、老年合唱团、空竹队以及书法社；周围的店铺有20多家经营机构或个体户				

续表

社区名称	瑞金新村		调研目的		改进房地产经纪服务业务	
调查地点	瑞金路瑞金新村	调查人员	孙××		调查时间	2020.10.4
序号	调查子项目		情况分析结果			备注
主要结论	一、社区优势 （1）社区地理位置优越，规模大，社区各功能区全面，楼盘体量大； （2）社区人口密度大，居民多，有近50%是因为孩子上学需要而在此居住的家庭，居住情况处于从租房到买房、从小户型到改善购房过渡； （3）社区整体环境好，配套设施齐全、居民生活便利； （4）社区文化丰富多彩，是一个有着光荣传统的先进小区； （5）社区内有党和政府的基层组织，有经营者和社会团体，文明健康、平安和谐。 二、社区不足 （1）社区楼盘大都是20世纪的，没有新楼盘； （2）社区户型缺乏120m² 以上的大户型，对改善型购房者吸引力不够大。 三、经纪业务对策建议 瑞金新村社区体量大、优势多，非常适合开展房地产经纪业务，需要门店进一步深耕细作。 <div align="right">负责人（签名）王××</div>					

3. 社区人群及居住现状分析

分析社区居住人口规模、居民年龄占比、自住与租住的占比，形成"社区人群及居住情况调查子报告"，见表1–3。

4. 社区配套设施现状分析

分析购物配套设施、医疗配套设施、教育配套设施、小区生活配套设施等，形成"社区配套设施调查信息子报告"，见表1–3。

5. 社区文化特点分析

分析社区地理位置特色、社区人文特色，形成"社区文化特点调查子报告"，见表1–3。

6. 社区内现有的组织分析

分析物业管理公司、居委会（含党组织）、社区文化团、社区卫生服务中心等，形成"社区内现有的组织调查子报告"，见表1–3。

7. 社区调研报告撰写

集成5个方面的子报告，综合分析所有社区5个方面要素现状，形成最终的《社区调研报告》。

案例：瑞金新村社区调研报告（简易）

瑞金新村社区调研分析结果报告，可以用表格进行集中表述，见表1–3。

3.5 必备业务知识

1. 信息分析

信息分析是针对特定的需求，对信息进行深度分析和加工，提供有用的知识和情报。

2. 数据统计归纳法

（1）统计归纳法是根据某类对象的样本具有某属性推出某类对象的全体都具有某种属性的推理方法。

（2）样本就是从总体中抽选出来的那一部分对象。使用这种方法时，首先要选好样本，处理好样本的代表性与样本数量之间的关系。样本的数量越大，样本的代表性就越大。其次应当采用分层抽样的方法，即根据所研究问题的性质，把某类对象的整体分为许多层，或分为许多小类，再从各层中选出样本。

（3）现在是大数据时代，数据统计归纳的方法也可以应用于社区研究中。通过汇总各种社区研究相关的基础数据，或者持续地针对某一问题进行数据统计，统计完成后进行归纳总结，就可以得出基本的趋势和方向。

3.6 必备业务要领

资料信息的分析对市场调查人员来说，也是一个对社区深入认识的飞跃过程。只有经过调查资料的科学分析，才能发现社区现象的变化规律。信息分析的要领，主要有四个方面：

（1）重视信息研究。研究是高层次的信息加工，房地产经纪服务人员要经常研究，以产生新的信息并提高自身的判断、思考能力。信息通过加工整理之后，通常以表格、图片、文字报告等形式展现出来，其中表格又是最常见的一种，要重视对表格数据进行汇总、文字分析，指出要素指标波动原因，并预测未来发展趋势。

（2）统计计算。将已经分类的资料进行统计计算，有系统地制成各种计算表、统计表、统计图。

（3）系统性地比较分析。对各项资料中的数据统计表、统计图和事实进行比较分析，文字的分析更为详细，得出一些可以说明有关问题的统计数据，直至得出必要的结论。

（4）撰写调研报告。调研报告反映了调研工作的最终成果。撰写调研报告应做到：①客观、真实、准确地反映调研成果；②报告内容简明扼要，重点突出；③文字精练，用语中肯；④结论和建议应表达清晰，可归纳为要点；⑤报告后应附必要的表格和附图，以便阅读和使用；⑥报告完整，排版清楚美观。

3.7 任务拓展

1. 认识到调研结果具有一定的局限性

社区调研的结论不是完美无缺的，不可避免地会存在错误或误差。对方案的缜密设计和细心实施的目的就是为了尽可能地避免这些误差和错误。只要对调研信息的价值没有严重损害，细小的错误是可以容忍的。对调研结果必须参考一般经验、普通的道理和其他信息来进行评价。对调研的结果要认真思考、理解，看与我们对问题的感性认识是否基本吻合，如果不相符，原因何在，必要时需作进一步的调研和分析。

2. 探索社区描述性调研的不足

社区调研多采用描述性调研，直观有效，易于操作。与探测性调研比较，描述性调研需要事先拟定计划，需要确定搜集的资料和搜集资料的步骤，需要对某一专门问题提出答案。除了数据的汇总，还附有一些文字分析，阐述社区要素情况、分析原因等。但描述性调研只是从外部联系上找出各种相关因素，并不回答因果关系问题。

3. 寻找社区调研信息分析的更多方法

（1）情景分析法，又称脚本法或者前景描述法，是假定某种现象或某种趋势将持续到未来的前提下，对预测对象可能出现的情况或引起的后果作出预测的方法。通常用来对预测对象的未来发展作出种种设想或预计，是一种直观的定性预测方法。情景分析法特点：认为未来的发展有多种可能的趋势，所以预测结果也是多样的；注重了解内部环境，注重对系统发展起重要作用的关键因素和协调一致性关系的分析；需要主观想象力，强调决策者的主观愿望在未来分析中的作用；定量分析与定性分析相结合，在定量分析中融入了大量的定性分析。

（2）对社区环境的分析可以运用多种分析工具

1）PEST 分析：政治（Political）、经济（Economical）、社会（Social）、技术（Technological）。

政治的：政治环境、法律环境、政府管制、产业政策；

经济的：要素市场与供给水平、劳动力市场、价格水平、财政与税收政策、顾客因素、资本市场利率、汇率与融资等；

社会的：社会态度、信念与价值观、人口的年龄结构与教育程度、绿色化；

技术的：技术变革、技术替代。

2）基于 SWOT 分析的道斯矩阵

优势（Strength）、劣势（Weakness）、外部机会（Opportunity）、外部威胁（Threat）。

3）利益相关性分析：相关的利益群体是哪些？他们有什么样的利益诉求？这些利益需求的变化趋势是怎样的？

3.8　综合实训

1. 实训名称

门店所在社区调研。

2. 实训内容

演练1　社区调查；

演练2　调查信息整理；

演练3　调查信息分析。

3. 实训作业文件

门店所在社区调研报告。

 小结

　　社区调研与分析工作领域主要有3个工作任务。"任务1　社区调查"的任务是社区区域及楼盘调查、社区人群及居住情况调查、社区配套设施调查、社区文化特点调查、社区内现有的组织调查；根据任务内容设计了任务流程；根据任务流程逐步开展任务实施；介绍了社区调查必备的业务知识和必备的业务要领，并围绕社区调查任务拓展了相关知识、技巧和经验。"任务2　信息整理"的任务是对任务1调查信息的整理；根据任务内容设计了任务流程；根据任务流程逐步开展任务实施；介绍了信息整理必备的业务知识和必备的业务要领，并围绕信息整理任务拓展了相关知识、技巧和经验。"任务3　信息分析"的任务是对任务2整理的数据信息进行分析，设计了任务流程，开展任务实施，介绍了必备的业务知识和必备的业务要领，并拓展了相关知识、技巧和经验。最后，安排了门店所在社区调研综合实训，形成最终的社区调研报告。

思考题

1.如何制定社区调查方案？

2.如何开展社区调查？

3.如何对调查取得的数据进行分类整理？

4.如何对整理的数据进行科学分析并形成社区调研报告？

02

工作领域 2　新建商品房销售

 工作领域描述

　　新建商品房简称"新房"，新房销售大都是预售，现房销售的情况较少。新房销售代理是数字化经纪服务的重要业务，是房地产经纪机构主要收入来源之一。新建商品房销售是经纪服务人员的重要工作领域，需要具备相应的工作技能。

 工作领域内容

　　1. 新建商品房销售代理项目分析；

　　2. 新房带看；

　　3. 购房资质审核；

　　4. 新房公证摇号认购；

　　5. 新房交易资金缴纳；

　　6. 购房贷款与公积金提取；

　　7. 新房交易税费代办与权证办理。

 工作技能要求

　　1. 能够理解房地产经纪服务职业标准和工匠精神；

　　2. 能够进行新建商品房销售代理项目分析；

　　3. 能够进行新房（期房和现房）带看；

　　4. 能够审核购房资质；

　　5. 能够引导客户参与新房公证摇号并促成认购；

　　6. 能够办理新房交易资金缴纳、购房贷款与公积金提取；

　　7. 能够进行新房交易税费代办与权证办理。

　　8. 能够撰写新建商品房销售总结报告。

任务 1　新建商品房销售代理项目分析

1.1　任务情景

孙 ×× 在师傅王 ×× 的指导下跑了几天的瑞金新村社区调查，学会了信息整理和信息分析，提交了瑞金新村社区调研报告。王 ×× 看到孙 ×× 的实训报告，非常满意，认为他在"工作领域 1　社区调研与分析"的技能培训达到了要求。

按照技能培训计划，孙 ×× 开始进入"工作领域 2 新建商品房销售"的训练。刚好，今天门店接了一个新建商品房销售项目"西江瑞府"，王 ×× 毫不犹豫给孙 ×× 布置了"西江瑞府销售代理业务分析"的任务。

孙 ×× 对接触新建楼盘很激动，表示很有信心完成这新楼盘销售的第一炮任务。

1.2　任务分析

新建商品房销售代理项目分析任务内容主要有 3 项：

（1）新建商品房销售代理项目基本情况分析；

（2）新建商品房销售代理业务内容分析；

（3）新房销售环节分析。

1.3　任务流程

新建商品房销售代理项目分析流程有 5 个步骤：

（1）工作准备；

（2）新建商品房销售代理项目基本情况分析；

（3）新建商品房销售代理业务内容分析；

（4）新房销售环节分析；

（5）形成商品房销售代理项目分析报告。

1.4　任务实施

1. 工作准备

（1）新建商品房项目信息。项目信息资料有纸质的和电子的，主要从房地产开发商处获取。

（2）物料准备，主要是电脑、办公用品等。

2. 新建商品房销售代理项目基本情况分析

主要分析项目所在地地理位置四至、楼盘幢数、楼盘各功能区及位置、楼盘项目优缺点等。

（1）西江瑞府地理位置四至。项目地址东至象贤路，南至园腾路，西至规划道路，北至紫创路。

（2）西江瑞府楼盘幢数。项目设计有 12 幢楼，均为高层住宅。

（3）楼盘各功能区及位置。楼盘为纯居住小区，仅在西南部小区大门两边建有小区配套两栋商业楼。小区中央和各楼栋之间建有休闲花园。西江瑞府楼盘规划效果图，如图 2-1 所示。

图 2-1　西江瑞府楼盘规划效果图

（4）楼盘项目优缺点。项目优点：品牌开发商楼盘质量过硬，小区内绿化景观较好，多为中小户型，一期均价较低，为 27200 元 /m²，总价也低，适合大量刚需购房者。项目缺点：距离主城区较远，生活配套不够成熟，缺少大户型，客户选择性不强。

（5）楼盘规划参数，见表 2-1。

3. 新建商品房销售代理业务内容分析

主要是研究分析销售代理指标，包括销售量、销售价格、销售进度、回款进度以及销售佣金兑现条件等内容。西江瑞府销售代理指标：

（1）销售量。合计 2274 套，销售面积 213007m²。

（2）销售价格。采用低开高走价格策略，一期均价较低约为 27200 元 /m²，总均价约为 29000 元 /m²。

西江瑞府楼盘规划 表2-1

序	规划参数	内容	备注
1	建筑类型	高层	
2	物业类型	住宅	
3	占地面积	78892m²	产权年限 70 年
4	容积率	2.70	
5	建筑面积	213007m²	
6	规划户数	2274 户	
7	楼盘户型	二居室、三居室	75~114m²
8	车位配比	1∶1.1	地下车位数 2441
9	绿化率	35%	

（3）销售进度。2020 年销售 50%，2021 年销售 40% 以上，2022 年全部销售完毕并交房。

（4）回款进度以及销售佣金兑现条件：

1）2020 年 6 月开盘 6 号楼，8 月开盘 7 号楼和 9 号楼，9 月份全部回款，佣金按回款额的 0.9% 兑现；

2）2020 年 9 月开盘 8 号和 10 号楼，10 月开盘 12 号楼，12 月份全部回款，佣金按回款额的 1.0% 兑现；

3）2021 年依次开盘 1 号楼、2 号楼、3 号楼、4 号楼、5 号楼、11 号楼，销售在开盘后 3 个月内完成，回款在销售后 3 个月内结清，佣金按回款额的 1.2% 兑现，每栋楼结算一次；

4）不能按期完成销售任务和回款，按比例扣留保证金，降低佣金／销售额比例，并延长兑现时间。

4. 新房销售环节分析

梳理新房销售流程与对应经纪服务业务环节。

（1）新房销售流程

约访（邀约）→现场接待→沙盘讲解→示范参观（样板间、景观、工法）→洽谈约定→认购定房→合同签订→跟踪服务。

（2）新房销售对应经纪服务业务环节

1）新房（期房和现房）带看。对应"约访（邀约）→现场接待→沙盘讲解→示范参观（样板间、景观、工法）→洽谈约定"。

2）购房资质审核。

3）新房公证摇号认购。对应"认购定房→合同签订"。

4）新房交易资金缴纳。对应"跟踪服务"。

5）购房贷款与公积金提取。对应"跟踪服务"。

6）新房交易税费代办。对应"跟踪服务"。

5. 形成商品房销售代理项目分析报告

归集 2~4 的内容，形成商品房销售代理项目分析报告的主要内容。

1.5　必备业务知识

1. 商品房销售代理

新建商品房销售代理是指房地产开发企业将开发建设的房产项目委托给专业的房地产经纪机构代为销售的一种方式。房地产销售工作一般在项目开始时就启动，因此销售代理公司通常会介入房地产项目开发经营的全过程，包括为房地产开发企业提供市场调查、产品定位、客户定位、营销推广、销售组织以及协助物业交付等一系列服务。

2. 销售代理渠道

（1）新房销售代理渠道，是经纪机构与开发商或分销公司签署居间合同，通过自身渠道及分销商资源挖掘客户，并为合作甲方促成房产交易的服务。

（2）渠道的核心价值：

1）向客户传递区域及项目价值，引导客户到达案场；

2）短期内聚集客户势能，形成项目去化。

（3）新房渠道业务合作主体分类：

1）内渠：指经纪机构（包括直销）和加盟品牌；

2）外渠：指经纪机构新房整合的渠道分销商（内渠以外的渠道分销商）。

3. 住宅类产品及类型

（1）住宅产品，是指供家庭居住使用的房屋，是最常见、量大面广的一类房地产，既存在大量买卖活动，又存在大量租赁活动。居住用地的土地使用年限是 70 年。依据《住宅设计规范》GB 50096—2011，普通住宅层高宜为 2.8m。

（2）常见住宅类型。

1）塔式住宅、板式住宅、塔板结合住宅；

2）独立式住宅、双拼式住宅、联排式住宅、叠拼式住宅；

3）花园洋房；

4）新住宅与存量住宅；

5）平层住宅、跃层住宅、错层住宅、复式住宅；

6）期房、现房、准现房；

7）毛坯房、成品房；

8）商品房、经济适用房、安居房、廉租房、公租房。

4. 办公类产品及类型

（1）办公产品，指面向公司的商务活动及商务需求所开发的不动产。办公产品土地使用年限是 40 年。

（2）办公产品类型

1）写字楼办公；

2）公寓式办公 / 综合楼 /LOFT 产品；

3）公寓式办公：由物业统一管理，根据使用要求，可由一种或数种平面单元组成。单元内设有办公、会客空间和卧室等房间的办公楼；

4）综合楼：由两种及两种以上产品类型组成的公共建筑，产品类型包括商业、办公、居住、旅馆、展览、餐饮、会议、文娱等，可由办公 + 商业 + 住宅或商业 + 办公组成。

5. 商业地产产品及类型

（1）商业地产，指用于各种零售、餐饮、娱乐、健身服务、休闲设施等经营用途的房地产形式。土地使用年限 40 年。工程特点：对物业的层高、柱距、荷载、电梯等都有很细致的要求；不同的业态、不同的功能、不同的产品，产品的设计施工差别较大，主要是为了满足日后商业经营者和最终消费者的合理需要。

（2）常见商业地产类型

1）独立式商业。整栋建筑体都为商业经营，可租可售，一般由百货公司、大型超市进行整体招租运营，是在一个建筑物内集中了若干专业的商品销售部门并向顾客提供多种类、多品种商品及服务的综合性零售形态。

2）商业街，指以平面形式按照街的形式布置的单层或多层商业房地产形式，其沿街两侧的铺面及商业楼里面的铺位都属于商业街商铺。

3）底商，即底层商铺，指位于住宅、写字楼等建筑物底层（可能包括地下 1、2 层及地上 1、2 层，或其中部分楼层）的商用铺位。底商不仅避免了过去底层不好卖的尴尬局面，而且获得了更大的投资收益；鉴于商铺上面建筑将会带来稳定的客户流，底商未来的客户基础将相对可靠，投资者的风险相对较小。住宅底商注意事项：不能经营餐饮（明火）、娱乐等商业业态。公建底商注意事项：不受商业业态的经营限制。

1.6　必备业务要领

1. 住宅项目的销售形式

销售形式分为开盘集中销售和自然平推销售两种。

（1）开盘集中销售，指当项目达到销售条件后，通知前期所积累的诚意客户集中于某日前来销售地点进行集中选房认购。

（2）自然平推销售，指项目在确定销售时间后，按客户自然上门的时间和顺序直接进行选房认购。

两种销售形式的区别，见表2-2。

开盘集中销售和自然平推销售的区别　　　　　　　　　表2-2

内容	开盘集中销售	自然平推销售
操作流程	确定前期积累客户选房顺序，正式发售前统一发出通知信息，客户凭借顺序号进行选房，未到或迟到者视为自动放弃	选房当天客户按照到场时间，自行进行选房，先到先得
开盘风险	当天到场选房的客户非常集中，若服务或购房流程设计不恰当，容易引起客户不满	热销盘客户会提前排队，维持秩序、解释规则所需的成本过高，容易引起客户情绪激化，风险较大
客户流失度	客户诚意度高，易于把握。但新客户很可能由于选不到心仪的房而流失	对客户没有约束力，客户诚意度难以把握，客户流失度高
市场关注度	只针对前期积累客户开盘，前期积累客户量多，具有一定的市场关注度	走操作路线，但市场接受度不高，没有集中开盘销售的氛围，客户认同度较低
开盘销售率	由客户储备量和客户诚意度以及现场销售氛围决定	新老客户同等待遇，前期积累客户容易流失，对楼盘性质要求较高
适用楼盘	常规楼盘	产品特殊性、客户较少的楼盘

2. 写字楼销售代理

（1）分析写字楼产品特性

1）与宏观经济的正相关性。企业作为市场经济活动的主体，其经营状况与国家宏观经济走势密切相关，通常具有一定的正相关性。当国家宏观经济状况良好时，企业购买或租赁写字楼的需求较旺盛，反之则需求变弱。

2）客户非个体属性。大部分客户购买写字楼往往要综合考虑企业发展需求及资金周转状态，属于企业行为，并非简单的个人购买行为。这就决定了写字楼与住宅相比成交周期较长。

3）产品技术性。写字楼属于城市公共建筑，一方面直观影响城市形象，一定程度上反映城市经济发展水平；另一方面，写字楼产品与入驻企业的运营成本等密切相关，侧面影响企业经济效益。

4）销售商务性。基于写字楼项目的非个体属性及写字楼的企业行为特征，针对该类客户的销售各个环节均需明确体现商务属性。

5）项目运作专业性。写字楼项目的产品技术性与销售商务性决定了写字楼项目运作的专业性。

（2）写字楼客户消费特征。购买写字楼客户的心理特征与住宅客户相比有较大差异，主要体现在5个方面：

1）客户更关注写字楼的形象；

2）客户对周边交通的便捷程度有较高要求，对到达机场、火车站、港口的时间比较关注；

3）具有自用兼顾投资的心理特征；

4）购买决策更加理性；

5）后续使用成本的核算。

（3）制定写字楼销售策略

1）以市场竞争优势为主导的销售策略制定。该方式适用于同期市场可能存在有力竞争对手的情况。

2）以目标客户需求为主导的销售策略制定。该方式适用于写字楼初始进入非成熟商务区域，或同期市场不存在明显竞争对手的情况。

3）以项目差异化特点为主导的销售策略制定。该方式适用于项目本身具有独特性且面对较为成熟的商务客户群体的情况。

3. 商业地产的销售代理

（1）商业地产项目特征，包括收益多样性、盈利模式多元化、权益复杂与利益平衡。

（2）商业地产项目客户特性。客户通常有3种：自营、租赁、转售（短期回报）。其中投资客户比例占绝大多数，理财观念更为成熟，对市场具有较高的前瞻性，有一定的投资或经商经验，属于高收入群体，有很强的资金实力。

（3）以目标客户需求为主导制定商业地产销售策略。投资客户的需求一般要考虑4个因素：

1）投资回报和项目的可持续发展前景；

2）周边环境：地段位置、人流车流状况、商业氛围、片区政府规划；

3）升值潜力；

4）商业地产项目建筑结构及形态。

要围绕上述 4 个方面制定商业地产销售策略，吸引目标客户，实现销售目标。

（4）投资回报率、投资回收期

1）投资回报率，是指正常年度总收益占投资总额的百分比。

2）投资回收期，是指通过资金回流量来回收投资的年限。

3）投资回报率及投资回收期的相关公式，见表 2-3。商铺投资合理的年投资回报率一般为 5%~7%；商铺投资合理的年投资回报期一般为 8~12 年。

投资回报率及投资回收期的相关公式　　　　　　　　　表2-3

项目	公式
投资回报率	投资回报率＝总收益 / 投资总额 ×100%
投资回收期	投资回收期＝投资总额 / 年收益
年投资回报率	（1）一次性购买：业主实收租金 ×12 月 /（购买房屋总价＋契税＋印花税） （2）按揭贷款：（业主实收租金－按揭月供款）×12 月 /（首期房款＋契税＋印花税＋律师费＋保险费）
年投资回收期	（1）一次性购买：（购买房屋总价＋契税＋印花税）/ 业主实收租金 ×12 月 （2）按揭贷款：（首期房款＋契税＋印花税＋律师费＋保险费）/（业主实收租金－按揭月供款）×12 月

1.7　任务拓展

1. 探索获取更多更好的 A 代业务

（1）A 代项目业务，指获取开发商的独家房源销售代理权，承诺一定时间内完成和开发商约定的销售任务。为体现合作诚意，可向开发商支付一定比例的保证金承诺。

1）A 代业务速销项目：项目保证金低于项目总销售额的 5%；项目保证金低于项目总销售额的 5%，但新房项目公司存在被要求追加保证金的可能性，总额低于项目总销售额的 5%。

2）A 代业务包销项目：项目保证金高于或等于项目总销售额的 5%；项目保证金低于项目总销售额的 5%，且总额高于或等于总销售额的 5%；项目保证金低于项目总销售额的 5%，但新房项目公司存在被要求追加保证金的可能性，且总额高于或等于总销售售额的 5%。

（2）抓住 A 代业务核心。锁定房源、进行任务保障承诺、快速去化。

1）锁定房源、确定去化目标；

2）根据目标货值支付一定比例的保证金；

3）全面撬动、精准覆盖、强势导入优质资源；

4）定期定额完成任务、保质保量、达成效果；

5）未完成开发商有权追责、敢赌敢担。

2. A 代业务操作流程

（1）A 代业务操作流程。获取合作权—锁定独家房源—保证金对赌—按销售额比例付款—阶段性追加。

（2）支付 A 代业务保证金。

1）保证金支付方式：保函、钱款等；

2）按房源套数选择保证金支付金额；

3）按佣金比例选择保证金支付金额；

4）阶段未完成追加保证金；

5）多阶段多周期；

6）多业务模式叠加。

（3）约定时间内没有完成 A 代项目销售任务的追责形式。

1）无责任退款；

2）按比例扣留保证金；

3）置换房源，继续销售；

4）无责任延期销售；

5）保证金追加。

任务 2　新房带看

2.1　任务情景

孙 ×× 在师傅王 ×× 的指导下跑了几天的西江瑞府现场，学会了西江瑞府销售代理业务分析，提交了项目销售代理业务分析报告。王 ×× 看到孙 ×× 的分析报告，认为孙 ×× 抓住了销售代理业务要点，非常满意，今天就又给孙 ×× 布置了西江瑞府"新房带看"的训练任务。

2.2　任务分析

无论是期房还是现房，新房带看任务内容主要有 2 项：

（1）沙盘带看与讲解；

（2）样板房示范带看与讲解。

2.3　任务流程

新房带看任务流程有 5 个步骤：

（1）准备工作；

（2）售楼部现场接待；

（3）沙盘带看与讲解；

（4）样板房示范参观与讲解；

（5）带看后的跟进和维护。

2.4　任务实施

1. 工作准备

新房带看前各种角色的准备工作内容：

（1）案场（客发驻场人员）工作准备。案场需要确认客户能否形成带看，需要注意的是每个案场的确客制度是不同的，带看前一定要提前了解。一般来说，按照到访情况分为无到访记录客户和有到访记录客户。对于无到访记录客户需报备带看。有到访记录客户中，对于未过保护期的客户推荐其他楼盘带看，对于已过保护期的客户重新报备带看。

（2）经纪人工作准备。经纪人作为开发商销售渠道，是客户的开发者，也是客户邀约的第一权利人，因此带看前应约定见面时间、地点；合理规划带看路线；提醒携带相关证件及银行卡；检查自身着装是否合格；在带看前经纪人应了解客户情况、准备联动盘、案场动态、项目最新动态。

1）了解客户情况：①购房决策人。若决策人在场，客户看中房屋后争取让客户定房；若决策人不在场，应提醒客户看房过程中多拍视频照片，让客户回家给决策人看，准备项目介绍信息；②到访人数。根据到访人数决定带看人数，带看人数比到访人数多一人，保证既不给客户压迫感，又保证客户看房质量；③看房时间。根据客户看房情况合理规划时间邀约看房；④资金情况。根据客户资金情况为客户匹配合适的项目。

2）准备的联动盘应为项目周边新房盘，且总价相当。同时应注意规划各个联动盘之间的乘车路线，争取带看实现一带多看，节约客户时间，提升带看效率。

3）了解案场动态，包括案场目前人流量、案场活动等案场信息，并将案场动态提前告知客户，为接下来可能出现的问题做准备。

4）了解项目最新动态，包括在售房源量、在售户型种类、优惠政策、已经成交情况等。

图 2-2　西江瑞府线下售楼部

2. 售楼部现场接待

西江瑞府线下售楼部高端大气上档次，如图 2-2 所示。

（1）迎接客户。看到客户走到售楼部门口，业务人员立即到门前拉开玻璃门，面带微笑，在客户与自己距离在 1.5m 左右，保证客户能听清的情况下，主动打招呼，用轻快明亮的声音说"您好，欢迎光临！"，或者"你们好，欢迎光临！"。在最后一位客户进门后关好门。售楼部现场接待注意事项，业务人员必须穿制服，仪表端正，态度亲切，面带微笑，接待客户或一人或夫妻二人或一家三口，常以三人为限。

（2）客户进门后。对远道来的客户，可以先邀请客户到沙发上稍坐休息，倒杯茶，拿来楼盘资料先看着，过会再邀请客户至沙盘前。不需要休息的客户，可以邀请客户至沙盘前，面带微笑清晰明亮地对客户说，"请随意参观"，并帮助客户收拾雨具、放置衣帽等。为展示热情，避免冷清，也可以和客户简单地聊天。通过"先生（或美女）是特意过来看房吧，看到我们的网上广告了吗？"或"听口音先生好像不是本地人，是北京人吗？"以区别客户真伪，了解客户所来的区域和获取信息的渠道。

3. 沙盘带看与讲解

（1）沙盘带看。西江瑞府线下售楼部内沙盘有全景规划沙盘，还有主力户型沙盘，如图 2-3 所示。邀请客户至沙盘前，按照事先明确的线路，先带看一圈全景规划沙盘，然后再带看户型沙盘。

（2）沙盘讲解。讲盘的内容：

1）区位。项目所处的位置、区域的发展规划及利好、到标志建筑物的距离。

图 2-3　西江瑞府全景规划沙盘

2）交通。涵盖已有交通和在建交通，包括轨道交通、公交路线、自驾路线等。

3）配套。①商业讲解包括现在及未来规划内的周边商场、休闲娱乐大型配套设施、商务综合体配套；②医疗需讲解医院名称、规模、医院等级、医疗特色；③学校需讲解学校名称、师资力量、办学特色、入学条件等；④公园/景点需讲解名称、特点、开放时间、距离等。

4）产品本身。①开发商需介绍开发商名称、资质、优势、做过的项目等；②物业包括物业名称、收费标准、物业资质、特色服务等；③小区环境，主要是小区绿化，包括绿化率、绿化特色（园林/水系特点）、景观理念、儿童/老人活动专区；④户型需介绍户型分布、户型介绍、主力户型、户型优缺点等；⑤价格需介绍项目均价、总价、定金、优惠、首付周期等。

5）卖点。卖点需为盘源自身优势，换句话说，如果所有的卖点都称之为"卖点"，那这个楼盘就没有了核心卖点；且卖点需引人注目。

西江瑞府核心卖点：价格最低的地铁房。离地铁口 900m，单价在地铁沿线为最低，低于主城区 30% 以上。

6）联动。也即项目的上下游盘，介绍一个和该项目价位或区位相匹配的上游盘和下游盘，便于经纪人的推荐和介绍，需着重介绍清楚两个盘之间的差异性，凸显本主推盘优势和对比这两个项目之间的乘车路线。

7）客户描摹。在讲盘过程中客户需讲解客户信息，包括：①客户画像，涵盖客户群体、工作情况、年龄段等，是购买该楼盘业主的圈层；②客户存在区域，涵盖居住地、项目距离、交通便利情况等。

西江瑞府的目标客户：刚需客户和小改善客户，以本市工薪阶层为主，购房急需，要求住宅单价和总价都低，且交通便利，方便上下班。

讲盘注意事项，侧重点为：①该楼盘的品质；②该楼盘特有的服务；③购买该楼盘业主的圈层。

4. 样板房示范参观与讲解

（1）示范参观。沙盘带看与讲解之后，带客户参观样板间户型。

（2）样板间讲解。销售讲解时微笑问候，主动介绍样板间户型特点、装修标准、样板间的特色亮点、全面家居解决方案等，对于客户的提问耐心回答并给出专业性意见。

（3）参观过程中的洽谈。

1）洽谈步骤：推荐房源→介绍购房政策及贷款政策→拟定置业计划→约定成交。

2）洽谈注意事项：

①现场气氛营造应该自然亲切，掌握火候；

②个人的销售资料和销售工具准备齐全，以随时应对客户的需要；

③在客户未主动表示时，应立刻主动地选择一种户型作试探性介绍；

④了解客户的真正需求，了解客户的主要关注点；

⑤注意判断客户的诚意、购买能力和成交概率；

⑥销售人员在结合销售情况、向客户提供户型和楼层选择时，应避免提供太多的选择。根据客户意向，一般提供两、三套不同楼层房源即可。

5. 带看后的跟进和维护

带看后案场（置业顾问）与经纪人应进行有效的沟通，内容涵盖关注项目相关最新动态和信息、客户疑问、首付款交付的时间节点等。

（1）对于已成交客户。案场（客发驻场）与经纪人应在群里发开单喜讯、随时与客户沟通项目情况、提醒客户缴纳首付款时间节点以及银行贷款材料的准备。

（2）对于未成交客户，案场（置业顾问）应与经纪人反馈今天带看情况和客户情况，并针对客户情况，制定下一动作和计划，约定下次看房时间。

2.5　必备业务知识

1. 带客看房

带客看房是指房地产经纪人带客户到房屋现场，检查、观察委托房屋区位和实物状况。俗话说"百闻不如一见""眼见为实"。房屋尤其如此，因为房屋具有独一无二的特性，房屋实地查看是房地产经纪人员促成房地产买卖、租赁业务不可省略的工作步骤。对房屋进行实地查看，有利于客户确认房屋真实存在，亲身感受房屋的区位状况、实物状况和服务管理状况，从而熟悉和掌握文字、图纸、照片等资料无法或者难以反映的细节。

2. 沙盘

沙盘是一种建筑模型，根据地形图、航空像片或实地地形，按一定的比例关系，用泥沙和其他材料堆制的模型。在新房交易中，看沙盘主要包括查看区位沙盘、项目沙盘、户型沙盘。区位沙盘和项目沙盘通常是一个整体沙盘。

（1）区位沙盘，通常指的是售楼处方便介绍楼盘地理位置及周边配套设施的展示沙盘。在区位沙盘上，会标出楼盘项目的具体位置，周边有亮点、有特色的配套设施，如休闲娱乐配套、商业配套、金融配套、教育配套、医疗配套或交通配套。

（2）项目沙盘，通常指的是售楼处介绍小区具体情况的沙盘，包括整个小区的楼栋数、朝向、楼间距、小区内的道路规划、停车位、绿化环境、建筑风格等。

（3）户型沙盘，指的是将一个楼盘的户型做成模型展示给购房者用的沙盘。通常情况下，购房者需要着重关注户型沙盘的户型形状、功能分区及面积使用率。

3. 样板间

（1）样板间是指开发企业对建成的商品房精心装修后用作展示的房屋。样板间是一个楼盘的脸面，其好坏直接影响房子的销售。

（2）样板间有两种类型：一种是临时样板间，这类样板间里配有精美的家具、漂亮的灯饰、华丽的洁具，等到房子盖好后，大多和售楼处一起拆掉；一种是"实体"样板间，这类样板间一般是按照交房标准进行了精装修，到清盘阶段可以直接卖给购房者。

2.6　必备业务要领

1. 电话约访要点

电话约访是与客户接触的第一步，目的是吸引客户形成到访，为更深一步的面谈和介绍创造机会。具体要点如下：

（1）使用标准用语。经纪人应尽量在电话响三声内接听电话，且态度应亲切，使用标准普通话及用语回答问题。

（2）注意收集客户信息。信息收集涵盖姓名、联系方式、工作区域、认知渠道、户型面积、购房预算。

（3）约访时应卖点突出。沟通过程中，收集整理客户关注点，突出房屋卖点。

（4）邀约到访。明确到访时间，并告知行车路线。注意通话时长以 3min 内为佳。

（5）发送短信。接过咨询电话 10min 内发送短信给客户。

2. 避免带看常见错误

（1）过于迁就客户。购房时，通常是比较犹豫和谨慎的，这就需要经纪人去推动。因此，约客看房时，房地产经纪人员应适当坚持，直接给出具体的可供选择的时间点。对于一些好的房源，更应直接向客户说明第一时间看房的重要性。

（2）见面不知如何沟通。与客户见面，不知如何沟通的表现主要有：

1）害怕、怯场。自信心不足，担心不能承担如此大额的交易。

2）不知道讲什么。由于专业知识不足，或者与陌生人接触不多，因而不能营造轻松愉快的谈话氛围。

3）不敢介绍。因为担心讲得越多错得越多，往往保持沉默，甚至出现冷场。

4）不知如何提问。很多经验不足的经纪人只会询问需要何种类型的房屋、购房的预算等。对于其他有价值的问题，不知从何谈起。

（3）看房过程中不了解客户真正需求。实地看房，是一个很好了解客户真正需求的机会，不容错过或者浪费。客户的需求包括：价格、面积和户型；购房的动机；支付方式；目前的资金预算等。

3. 讲盘

（1）讲盘，指用得体的语言，按照一定逻辑顺序向购房者清晰的介绍区位、交通、配套、产品信息、项目卖点等相关情况，从而调动购房者的积极性。

（2）讲盘的重要性

1）对于经纪人自身而言，讲盘能够提升自己的语言表达能力，掌握更多楼盘信息，同时可以提升自己的专业性。

2）对于运营而言，讲盘可以了解新房项目信息，方便拓客。

（3）讲盘注意事项。讲盘是客户了解盘源信息的关键一环，因此经纪人在讲盘时需做到扎实地了解楼盘信息、具备清晰的讲盘逻辑、得体的语言沟通表达、突出楼盘卖点介绍。

4. 带看中讲解、沟通与配合

（1）案场（置业顾问）带看中，案场与客户沟通的方式之一是讲盘。让客户了解项目的区位、交通、配套、项目的优缺点等，同时还应通过直接询问或间接询问的方式了解客户的资金预算、购房原因、最不可变需求等。此外，向客户介绍案场情况也是让客户了解项目的重要方法，也可以为可能出现的情况做铺垫。因此案场应向客户介绍案场人流量、案场活动、目前已成交量等。

（2）经纪人积极与置业顾问沟通。经纪人应如实客观介绍客户情况、合情合理告知客户需求、客户的一些特殊情况和爱好。同时应配合置业顾问接待，主要是向客户补充遗漏信息和了解客户以帮助客户解决疑虑。

（3）其他注意事项

1）带看中讲解一定为代入式讲解，给客户一个更好的购房感受；

2）置业顾问会遇到的情况一定先和客户铺垫，否则会造成客户心里落差大；

3）带看中不要造成冷场，切记哑铃式带看，了解客户需求时不要一直连续提问。

2.7　任务拓展

新房（期房和现房）带看中，不同类型的楼盘带看各有侧重，需要不同的技巧。

1. 讲基础盘

基础盘住宅是为了满足人们居住的需要而建造，周边有为了居民生活需要而建的一些设备设施，如医院学校等。基础盘主要面对的对象为刚需和小改善群体，针对不同群体讲盘侧重点也不同。

（1）刚需群体的特点。①关注首付和购房总价；②配套以及周边都不太了解，需要详细讲解；③关注经纪人推荐的房源是否能满足核心需求点；④关注性价比。

（2）讲盘时侧重点。①讲盘逻辑由大到小，突出优势，顺序为区位→配套→样板间；②楼盘的位置、配套的公园、餐饮、银行、地铁等；③楼盘的属性，是商品房还是商住房，价位处于中档还是便宜等。

2. 讲改善盘

（1）小改善群体的特点。①关注生活品质（小区环境＋圈层质量）；②核算改善成本；③有购房经历，更关注细节；④购房急迫度相对较低。

（2）讲盘时侧重点。①讲解小区居住体验、描述居住的舒适度（文化、体育活动）；②讲解小区的绿化、环境、容积率（描绘绿化的感受）；③讲解开发商的品牌及建筑理念（该开发商还建过哪些有知名度的楼盘）；④讲解物业的管理和增值服务（是否代收快递、代缴水电费）；⑤讲解户型优势。

3. 讲商住盘

（1）商住楼是指该楼的使用性质为商、住两用,商住楼一般底层（或数层）为商场、商店、商务，其余为住宅的综合性大楼。商住盘主要面对的是刚需客和投资客。投资客的特点为：①更关注投资回报率，年收益；②固定投资金额；③关注未来的购房群体，未来房子是否好出售。

（2）讲盘时侧重点，可以讲投资回报率和未来增值。

4. 讲高端楼盘

（1）高端楼盘一般占有着独特的资源：或是优越的城市地段，交通便利、配套完善；或是美好的自然景观环境，够水准的服务体系的住宅。

（2）购买高端盘群体的特点：①关注楼盘的品质、地段的优势；②关注价值；③高水准的服务标准；④有购房经历，特别关注细节；⑤购房急迫度相对较低。

（3）讲盘时侧重点：讲楼盘的高端之处和特色。

任务3　购房资质审核

3.1　任务情景

孙××在师傅王××的指导下在售楼部忙了几天楼盘带看，增长了不少见识，其中有1位客户准备购房了。今天王××带着孙××准备对这个客户进行"购房资质审核"，这是一个需要细心才能完成的任务。

准备购房的客户叫朱××，是南京瑞金新村的租户，大学本科毕业工作6年了，刚刚领过结婚证。

3.2　任务分析

购房资质审核任务内容主要有3项：

（1）本市户籍家庭购房资质审核；

（2）非本市户籍家庭购房资质审核；

（3）单位购住宅的资质审核。

3.3　任务流程

购房资质审核任务流程有6个步骤：

（1）工作准备；

（2）收集当地城市户籍家庭住房限购政策；

（3）分析住房限购政策对本项目购房者的影响；

（4）本市户籍家庭购房资质审核；

（5）非本市户籍家庭购房资质审核；

（6）单位购买住宅的资质审核。

3.4　任务实施

1. 工作准备

（1）办公电脑。

（2）熟悉客户，能够互相沟通。

2. 收集当地城市户籍家庭住房限购政策

为了做好房地产经纪服务，经纪人应收集、熟悉和掌握本城市房地产限购或限售政策，引导购房人依法消费。

（1）国家住房限购政策。房地产关系国计民生，国家一直加强房地产市场调控。2020年，政府工作报告中，提及房地产的内容，只有四句话：深入推进新型城镇化；发挥中心城市和城市群综合带动作用，培育产业、增加就业；坚持房子是用来住的、不是用来炒的定位，因城施策，促进房地产市场平稳健康发展；完善便民设施，让城市更宜业宜居。从中不难看出国家住房限购政策就是一句话，"坚持房子是用来住的、不是用来炒的定位，因城施策"。所以，因城施策是核心，对购房者有影响的是楼盘所在地城市的限购政策。

（2）本市住房限购政策。在国家"房住不炒，因城施策"的指导下，很多城市都出台了当地新房限购政策。西江瑞府楼盘所在地南京市也不例外，也有南京市的限购版《2020年南京买房限购政策条例及外地人买房条件规定》。

3. 分析住房限购政策对本项目购房者的影响

仔细分析影响当地城市户籍家庭购房的所有限购政策，列出限购条件。影响当地城市户籍家庭购房的所有限购政策，以西江瑞府楼盘所在地南京市为例，限购政策见表2-4。

南京户籍家庭住房购房政策　　　　　　　　　　　　表2-4

房屋所在区域	户籍	婚姻	一手房	二手房
南京主城八区	本市居民	单身	限购1套	
		已婚	限购2套	
溧水	本市居民	单身	不限购（无需购房证明）	
		已婚	不限购（无需购房证明）	
六合	本市居民	单身	不限购（无需购房证明）	
		已婚	不限购（无需购房证明）	
高淳	本市居民	单身	不限购（无需购房证明）	
		已婚	不限购（无需购房证明）	

注意：①2017年5月14日零点后，赠与房屋的受赠人需开具购房证明才可办理赠与过户手续，赠与人3年内不得买房，赠与后的住房3年内不能再次交易；②因司法判决、司法调解、司法拍卖取得的不动产，不执行住房限购政策。

从表2-4可以看出，在南京市，影响住房购买套数的因素有：

（1）家庭户籍，可分为南京市户籍家庭和非南京市户籍家庭；

（2）婚姻状况，可分为已婚与单身；

（3）在南京已有住房套数；

（4）购房房屋所在区域。

4. 本市户籍家庭购房资质审核

对本市户籍家庭购房者，要判断是否在限购之列。根据限购政策审核其购房资质，如果满足限购条件，则可以进入后续购房流程。以南京市为例，南京户籍家庭限购的区域包括玄武区、秦淮区、建邺区、鼓楼区、栖霞区、雨花台区、江宁区和浦口区主城八区。

（1）购房资质审核依据分析。分析南京户籍家庭住房购房政策，见表2-4。

（2）审核客户是否为南京市户籍家庭。下列家庭，可以视为南京市户籍家庭：

1）居民家庭成员中至少有一个人具有南京市户籍的家庭（南京户籍未成年子女，其父母或监护人为外地居民，可按南京户籍家庭购房对待），南京户籍单身带未成年子女视为南京家庭。此类客户在主城八区限购两套房，在高淳、溧水、六合三个区域不限购。

2）南京市集体户口（包括：因就学迁入学校的南京市集体户口的、南京市单位集体户口、投靠人才市场的南京集体户口）可视为南京户籍家庭。

3）驻地南京部队的现役军官和现役武警家庭。现役，是指还在兵役期间；志愿兵和士官，不属于军官，但如果驻地在南京也可以拥有购房资格。

注意：家庭中有1人为南京户口时，整个家庭（父母＋配偶＋未成年子女）视同为南京户籍家庭。

（3）审核客户家庭及家庭名下住房套数。本市已有住房套数也会影响购房，所以需要审核确认。家庭成员是指夫妻双方及未成年子女，成年子女不能计算在内。未成年子女的判定标准：未满18周岁。家庭名下已拥有住房套数：指家庭成员名下独自拥有或与他人共有的成套住房的套数。家庭名下拥有的住房套数认定方式有以下4点：

1）居民家庭已拥有住房，包括已经取得不动产权证书的住房和已完成网上签约但尚未取得不动产权证书的住房。

2）来自不同家庭的2人及以上共同拥有一套住房的，各计一套已拥有住房。

3）认定住房套数时，"认房"必须是南京市内有住房，不在南京市内的住房不包括在内。

4）南京市的非住宅项目的商品房不计入住房套数。土地使用年限通常为40年，例如写字楼、商业、办公、厂房、车位、配套公建、仓储等。

（4）审核南京户籍家庭购房时提供的备件。南京户籍家庭在主城八区限购需要购房资质审核，购买高淳、溧水、六合住宅无需开具购房证明。

1）新购房证明所需要的材料，见表2-5。

新购房证明所需要的材料　　　　表2-5

婚姻状况	户籍材料					
	身份证	户口本	离婚证、离婚协议、法院判决书或调解书	结婚证	配偶死亡证明	若有未成年子女
已婚家庭	√	√		√		
离异家庭	√	√	√			√（若有未成年子女的需提供出生证明及户口本）
单身家庭	√	√（体现未婚）				
丧偶家庭	√	√（显示丧偶）			√	

补充：复婚家庭需要双方提供之前的离婚证和明确小孩抚养关系的离婚协议（需加盖民政局公章），离婚协议中未成年子女归自己的，孩子的户口本以及出生证明也要带齐。

2）特殊人群购房证明所需要的材料：

①现役军人不能提供户口本的，应提供军官证（士官证）与居民身份证为同一人的证明复印件（核对原件），以及由军官证（士官证）颁证机构出具确认服役地点的书面证明复印件（核对原件），服役地点在南京市的视为本市户籍居民，服役地点在非南京市的视为非本市户籍居民。

②户口本、婚姻关系证明等材料上记载的身份证件编号与现身份证件不一致的（居民身份证号由15位变为18位的除外），还应提供原身份证件与现身份证件为同一人的证明复印件（核对原件）。

③委托代理人代办购房证明的，还应提供授权委托书（原件）及代理人身份证件。

5.非本市户籍家庭购房资质审核

非南京户籍家庭是指家庭成员中无人拥有南京户籍或无人可按南京户籍对待的家庭。判断非本市户籍家庭购房是否在限购之列，根据限购政策审核其购房资质，如果满足限购条件，则可以进入后续购房流程。

（1）购房资质审核依据分析。分析非南京户籍家庭住房购房政策，见表2-6。

补充说明：①不认可任何类型的补缴社保；②特殊政策：在南京工作且个人取得硕士及以上学位、高级及以上专业技术资格、高级技师资格的，且年龄在40周岁以下，可不提供个人所得税缴纳证明或社会保险（城镇社会保险）缴纳证明。③可以通过人才落户政策转成南京户籍后开具购房证明。

非南京户籍家庭住房购房政策　　　　　　　　　　　　　　　表2-6

房屋所在区域	户籍	婚姻	一手房	二手房
南京主城八区	外地居民	单身	限购1套（注意：自购房之日起前3年内在南京累计缴纳2年及以上个人所得税缴纳证明或社保）	
		已婚		
溧水	外地居民	单身	限购1套（注意：自购房之日起前3年内在南京累计缴纳2年及以上个人所得税缴纳证明或社保）	
		已婚		
六合	外地居民	单身	限购1套（开购房证明时以下材料任选一种提供：①自购房之日起前3年内在南京累计缴纳2年及以上个人所得税缴纳证明或社保；②大专以上学历，学历证书+居住证/在宁劳动合同）	
		已婚		
高淳	外地居民	单身	限购1套（开购房证明时以下材料任选一种提供：①自购房之日起前3年内在南京累计缴纳2年及以上个人所得税缴纳证明或社保；②居住证；③在宁劳动合同）	
		已婚		

南京人才落户政策《南京市关于大学本科以上学历人才和技术技能人才来宁落户的实施办法（试行）》于2018年3月1日正式实施。符合人才落户人群条件共三类人群：一是学历型人才，即取得研究生以上学历或年龄在40周岁以下且取得本科学历的毕业生（含留学归国人员）；二是取得中级以上（含中级）专业技术资格人员；三是取得三级以上（含三级）国家职业资格（技能类）人员。

（2）审核非南京户籍家庭购房时提供的备件。审核内容见表2-6。

6. 单位购买住宅的资质审核

判断单位购房是否在限购之列，根据限购政策审核其购房资质，如果满足限购条件，则可以进入后续购房流程。

（1）审核公司购买二手住宅。可以在南京的江宁、高淳、溧水和主城六区购买二手住房，但在浦口区、六合区会被限购。

（2）审核公司购买一手住宅。南京暂停向企事业单位销售商品房，已不能用公司名义购买一手住房。公司已经购买的住宅类房屋，三年内不可上市交易（以新产权证日期为准）。

（3）审核公司购买一手非住宅。如公司购买商业用房，用于商业或办公。在南京范围内，商业用房不限购不限售。即购买商业用房无需开具购房证明；商业用房可以直接上市交易。

3.5　必备业务知识

购房者资质

（1）购房者资质，指购房者购买房产应该具备的条件及其状况。具体说就是，是否当地户口，有无房屋，有几套房屋，银行信用、还款能力等。

（2）购房资质审核时效与有效期。购房证明有效期为180个自然日，购房证明如果过期需要重新开具；线下开具纸质购房证明当场可出结果。

3.6　必备业务要领

1. 赠与、继承及夫妻更名对购房资质审核的要求

（1）房屋继承。不需要购房资质审核。

（2）房屋赠与。受赠人需要购房资质审核；若受赠人是所赠房屋的共有人，则在接受部分产权赠与时，不需要资质审核。

（3）夫妻更名。不需要购房资质，但接收人不可以是外籍人士或港澳台居民。

2. 资质审核通过后申请人婚姻状态发生变化需要重新审核购房资质

按照下列方式处理：

（1）已婚—离异。同时看离婚协议或法院判决书中对未成年子女的归属的约定，如果未成年子女归购房人家庭，那么资质审核时需要将未成年子女计入购房家庭当中进行审核。

（2）单身—已婚。需要审核夫妻双方的所有住房状况，若婚后有未成年子女，需要将该子女计入购房家庭当中进行审核。

（3）已婚—丧偶。申请人户口本中的婚姻状态应更改为丧偶。

3.7　任务拓展

产权登记房主的名字。新房产权登记，房主的名字有两种情况：

（1）购房人是单身无未成年子女，产权只能登记在具有购房资质的人员名下。

（2）购房人已婚或单身带未成年子女，若该家庭中有一人具有购房资质，即可视为该家庭具有购房资质，产权可以登记在该家庭任一人名下。

任务4　新房公证摇号认购

4.1　任务情景

孙××在师傅王××的指导下对准备购房的客户朱××进行了"购房资质审核"，朱××顺利通过购房资质审核，可以在西江瑞府购房。顺理成章，孙××通过全程服务具有购房资质的客户朱××，进入"新房公证摇号认购"任务训练。

4.2 任务分析

新房公证摇号认购任务内容主要有 3 项：

（1）引导有购房资质的客户参与公证摇号；

（2）按摇号排序引导客户选房；

（3）认购客户签约。

4.3 任务流程

新房公证摇号认购任务流程有 4 个步骤：

（1）工作准备；

（2）引导有购房资质的客户参与公证摇号；

（3）按摇号排序引导客户选房；

（4）通知认购客户签约。

4.4 任务实施

1. 工作准备

（1）摇号前几天，预约提醒有购房资质的客户。西江瑞府经纪人一般提前 3 天预约提醒有购房资质的客户。

（2）准备《商品房买卖合同》。西江瑞府采用当地城市《商品房买卖合同》，是格式合同。

2. 引导有购房资质的客户参与公证摇号

开盘当天，接到预约提醒有购房资质的客户早早来到售楼部等待公证摇号。每个人都希望中彩，能够摇上排序靠前的号。

（1）主持摇号的公证机构按照市公证协会《商品住房摇号现场监督公证业务操作指引》的规定，进行商品住房销售公开摇号公证活动，摇号排序，并现场公示排序名单。

（2）必要时，邀请相关部门、人员实施现场监督。

（3）开发企业依据公证机构摇号结果，组织购房者按序选房并办理有关手续。

（4）房产管理部门按照有关规定对选房和登记备案过程进行监督。

3. 按摇号排序引导客户选房

（1）购房者候场。根据摇号结果决定购房，购房者需要准时候场等待叫号选房。

（2）工作人员叫号。按摇号排序叫号，不到场视为放弃。

（3）正式选房。轮到叫号后，开始选择心仪已久的户型。规定时间段不选房视为放弃。

（4）现场认购。选房成功后，交纳定金，填写认购书。认购书主要内容包括：

1）认购物业；

2）房价，包括户型、面积、单位价格（币种）、总价等；

3）付款方式，包括一次付款、分期付款、按揭付款；

4）认购条件，包括认购书应注意事项、定金、鉴定正式条约的时间、付款地点、账户、签约地点等。

4.通知认购客户签约

（1）签约前一天，提醒客户。

（2）检验客户签约所需资料。资料有：

1）身份证。

2）户口本原件。若是家庭，将一家户口本带上，包括户主、妻子、孩子；若是集体户口，需带户口首页（加盖红章）及个人页。

3）结婚证。

4）纸质详细版征信报告。

5）购房人银行流水单。

6）购房人公积金缴存单。

7）带好已盖章的收入证明。月收入需满足所购房屋月供的2.1倍。

8）认购时开发商所给的一切材料。如认购书、发票、交款凭证等。

（3）核对合同中客户个人及所购房屋信息。

（4）讲解并指引签订《商品房买卖合同》。签约基本流程：

认购审核通过后，邀约客户携带相应资料和款项来签约→填写会签单和相关表单，计算首付、贷款等→由按揭机构先签署贷款协议，确认可贷→客户确认会签单信息，并交由后台和销售经理审核、确认→网签录入合同，核验卡内余额无误→客户交款，出具发票，打印正式网签合同并签署。

4.5　必备业务知识

1.开盘、认筹与排号

（1）开盘。开盘指楼盘建设中取得了"销售/预售许可证"后，可以合法对外宣传预销售，为正式推向市场所进行的一个盛大的活动。开发商开盘选房的流程一般包括：确定选房顺序→购房者候场→工作人员叫号→正式选房→交纳定金→填写认购书。开盘模式包括集中开盘、线上选房模式、排卡模式、摇号模式和顺销开盘。

（2）认筹。认筹是开发商在销售楼盘过程中的一种促销手段。一般情况下，开发商在取得商品房预售许可证以后，开发商会以购房优惠，如一万抵三万等方式，吸引购房者交纳一定金额的诚意金。在楼盘正式开盘前，开发商会通知参加认筹的购房者到场，同时在开盘时具有优先选房的权利。

（3）排号。排号指购房者在开发商集中选房前，确定选房顺序的环节。一般在进入选房阶段时，参加排号的购房者与没有参加排号的购房者相比，具有优先进行选房的权利。选房顺序越靠前，选到自己心仪房源的几率越大。

2. 公证摇号

（1）适用条件。当开发企业在销售商品住房时，客户累计大于可供房源的商品住房项目，房地产开发企业及其委托代理销售机构应采用由公证机构主持的公开摇号方式公开销售商品住房。

（2）公证摇号三大原则

1）主导原则。为确保购房人能够获得公平的购房机会，杜绝商品住房摇号过程被人为操控情况，根据市政府文件规定，依开发企业申请，公证机构全程主持摇号活动。

2）公开原则。在整个摇号活动过程中，避免任何可能的暗箱操作，所有环节公开、透明，邀请见证人，或形成自证材料，展现工作全过程。

3）控制原则。在全部摇号过程中，公证机构和公证员必须能够主导控制，排除任何开发企业和他人干涉，独立自主执业，确保摇号过程符合预先确定的规则，结果真实合法。

（3）开发企业在领取新建商品住房预售许可证或现售备案证明后，应拿出所有房源进行摇号销售，并接受房产管理部门监督。

（4）开发企业接受报名时间不得少于1个工作日，不得无理由拒绝意向购房人报名摇号。开发企业必须采取实名制方式公开接受意向购房人报名摇号，查验购房资格，留存身份证明复印件，编制《报名摇号清册》，提交市、区房地产综合执法办公室、公证机构备案（纸质和电子档）。《报名摇号清册》需经市、区房地产综合执法办公室审核确认。

（5）开发企业须在销售现场醒目位置公示《市新建商品住房公证摇号销售规则》、销售方案，方便意向购房人查看。

4.6　必备业务要领

商品房销售过程中，客户签约最为谨慎，为提高经纪服务质量，避免售后纠纷，经纪人需要主动出击，事先向购房者解读签订合同应该注意的问题，让客户买得安心、买得放心。

（1）确认"五证"齐全。包括《国有土地使用证》《建设用地规划许可证》《建设工程规划许可证》《建筑工程施工许可证》《商品房预售许可证》，只有"五证"齐全了，买房者以后才能顺利办理房产证。

（2）展示预售许可证。确认客户所购的房源在预售范围内。

（3）明确期房约定条件和时限。一是房屋使用权即实物交付；二是房屋所有权转移即产权过户。

（4）明确具体时间和违约责任。将交房日期准确无误地规定为"某年某月某日"，并注明有开发商不能按时交房所需承担的责任。

（5）提示检查房屋质量。提示购房者查看并检查《商品住宅质量保证书》和《住宅使用说明书》的内容，并同时将《商品住宅质量保证书》作为合同的附件，检查是否有开发商对质量问题的责任。

（6）明确物业管理事项。明确物业管理范围和收费标准。

（7）约定违约责任。当期房或现房存在与开发商的描述不一样时，明确开发商应承担的相应责任。

（8）解读合同文本中补充协议的内容。

4.7　任务拓展

开盘前，能否收取客户资金？

2018年6月25日，住房和城乡建设部等7部委发布的《关于在部分城市先行开展打击侵害群众利益违法违规行为治理房地产市场乱象专项行动的通知》规定，在取得商品房预售许可前，以认购、认筹、预订、排号、售卡等方式向购房人收取或者变相收取定金、预订款、诚意金等费用，属于违法违规行为。

任务5　新房交易资金缴纳

5.1　任务情景

孙××按照师傅王××的指导要求，全程服务具有购房资质的客户朱××进行西江瑞府摇号认购。

朱××运气不错，在197名购房者中摇到第18号，毫无悬念选到他心仪的2室2厅1卫户型，建筑面积75m²，选房当天毫不犹豫签下了认购书。

同样毫无悬念，孙××继续通过全程服务已经签约的客户朱××，进入"新房交易资金缴纳"任务训练。

5.2　任务分析

新房交易资金缴纳任务内容主要有 3 项：

（1）支付订金或定金；

（2）支付首付款；

（3）支付余款。

5.3　任务流程

新房交易资金支付任务流程有 4 个步骤：

（1）工作准备；

（2）支付订金或定金；

（3）缴纳相应比例的首付款；

（4）支付余款。

5.4　任务实施

1. 工作准备

（1）购房凭证准备。通知客户带上认购书或购房合同，熟悉其中付款的条款。

（2）资金准备。通知客户带上身份证和有足够资金的银行卡。

2. 支付订金或定金

（1）支付订金。新房交易过程中，买方意向购买房屋并选取意向房源后，会缴纳订金保留房源。依据成交房屋的总成交价及买方现有资金情况，订金金额不等，比如 1 万元、3 万元、5 万元等。一般签订认购书时，就需要支付订金。

（2）支付定金。在签署房屋买卖合同时，买方根据房地产开发企业要求支付的定金金额为准。定金数额由买卖双方协商约定，但不得超过房屋成交总价的 20%。

西江瑞府售楼部：购房者签订认购书时，支付订金 1 万 ~2 万元；签署房屋买卖合同时支付定金。

朱 × × 购买了 2 室 2 厅 1 卫户型，建筑面积 $75m^2$，总房价 204 万元。选房当天签了认购书，支付订金 1 万元。第 5 天签署房屋买卖合同时，支付定金 20 万元（含原订金 1 万元）。

3. 缴纳相应比例的首付款

（1）首付款缴纳比例。按房屋买卖合同约定比例执行。各地都有购房最低首付款比例要求，所以首付款不应少于总房价的一定比例，通常情况下，南京市首付款不低于总房价的 30%。

（2）首付款缴纳时间。按房屋买卖合同约定时间执行，首付款缴纳时间一般在房屋买卖合同签署后 2 个月内。

（3）首付款缴纳账户。按房屋买卖合同指定的监管账户。首付款是打入监管账户的，在新房产证颁发下来之前，买卖双方都不能动用监管账户里面的钱，是冻结的。

西江瑞府售楼部：购房者签署房屋买卖合同后 2 个月内支付首付款不低于 30%。

朱 ×× 购买的户型，总房价 204 万元，在签署房屋买卖合同后 2 个月内支付首付款 65 万（含原订金 1 万元和定金 20 万元），比例为 31.9%，超过 30%。

4. 支付余款

（1）支付余款时间。按房屋买卖合同约定时间执行，余款缴纳时间一般在房屋买卖合同签署后 6 个月内。

（2）支付余款方法。按房屋买卖合同约定方法执行。余款支付主要有两种方法：一是直接现金或转账；二是按揭贷款解决。要了解客户按揭需求，引荐银行走贷款流程。

西江瑞府售楼部：购房者签署房屋买卖合同后 6 个月内支付余款。

朱 ×× 购买的户型，总房价 204 万元，在支付首付款 65 万元后就没有钱了，余款需要靠银行按揭贷款解决。

5.5　必备业务知识

1. 支付订金

订金通常被理解为预付款，无论是卖方违约还是买方违约，收取订金的一方只需如数退还，不存在双倍返还或被守约方没收的情况。与订金类似的还有意向金、诚意金、押金、预订款、订约金、保证金、担保金、留置金等。新房交易过程中，买方缴纳订金是为了保留房源。成交房屋的总价不同订金金额也不同，比如 2 万元、4 万元、8 万元不等。

2. 支付定金

买方支付定金是为了保证买卖双方合同的履行而自愿约定的一种担保形式，即当事人在合同订立前或支付房款前，由买方向卖方支付一定数额的金钱。定金数额由买卖双方协商约定，但不得超过房屋成交总价的 20%。定金可以一次支付，也可以分笔支付。收取定金的一方违约双倍返还，支付定金的一方违约定金被守约方没收。

3. 支付首付款

首付款是房屋购买时的预付款。因为有最低首付款比例，所以首付款不应少于总房价的一定比例，通常情况下，我国很多城市首付款都不低于总房价的 30%。首付款的支付时间节点，介于买卖合同签署之时，具体支付时间点由买卖双方在认购协议中约定。

5.6　必备业务要领

（1）首付款计算公式

首付款 = 成交总价 – 贷款金额 – 定金。

（2）贷款金额计算公式

贷款金额 = 成交总价 – 首付款 – 定金。

需要指出的是，贷款金额由银行负责发放。经纪人可向买方说明以往的放款时效，但不得对其进行承诺。

5.7　任务拓展

付款的时间价值：

首付款支付的早晚，涉及资金的时间价值。

相同金额的首付款，支付时间越早，实际价值越大；支付时间越晚，价值越低。

例如，首付款 100 万元，月利率 0.5%，1 个月之后支付，需要达到 100.5 万元，才是等值的。

任务 6　购房贷款与公积金提取

6.1　任务情景

孙 ×× 按照师傅王 ×× 的指导要求，全程服务已经签约的客户朱 ×× 进行西江瑞府购房资金缴纳。

朱 ×× 辛辛苦苦工作 6 年，积累了一些钱，父母又资助了一些钱，终于缴纳了 65 万首付款，总房价为 204 万元，139 万的余款需要靠银行按揭贷款解决。

孙 ×× 继续通过全程服务已经签约的客户朱 ××，进入"购房贷款与公积金提取"任务训练。

6.2　任务分析

购房贷款与公积金提取服务任务内容主要有 4 项：

（1）办理个人住房商业性贷款；

（2）办理个人住房公积金贷款；

（3）根据购房客户按揭需求设计贷款组合；

（4）办理个人公积金提取服务。

6.3　任务流程

购房贷款与公积金提取服务任务流程有 7 个步骤：

（1）工作准备；

（2）个人住房商业性贷款政策分析；

（3）办理个人住房商业性贷款；

（4）住房公积金贷款政策和购房者公积金现状分析；

（5）办理个人住房公积金贷款；

（6）根据购房客户按揭需求设计贷款组合；

（7）办理个人公积金提取服务。

6.4　任务实施

1. 工作准备

（1）购房合同准备。

（2）贷款资料准备。比如身份证、户口本、结婚证、收入证明、银行流水、征信报告等。商业贷款要求收入证明，有如下要求：

1）按照公司通用收入证明格式开具；

2）收入证明上只能加盖公章鲜章 / 人事章鲜章；

3）用黑色签字笔填写，不能涂改，金额大写；

4）需要至少达到月供 + 负债的 2 倍及以上，如有未结清的其他贷款，均视为负债金额。

2. 个人住房商业性贷款政策分析

（1）根据国家房地产调控政策，个人住房商业性贷款政策由当地城市制定。以南京市为例，个人住房商业性贷款的政策，见表 2-7。

南京市个人住房商业性贷款政策分析　　　　　　　表2-7

南京房产情况	全国贷款情况	首付比例	利率（五年期）
名下无住房	无贷款记录	最低 3 成	LPR 加点 80~103（具体加点根据各家银行政策和客户资质情况会有不同及调整）（首付八成 LPR 加点 105）
	有贷款记录（已结清）	最低 5 成	
	有贷款记录（未结清）	最低 8 成	
名下有 1 套住房	无贷款记录	最低 5 成	
	有贷款记录（已结清）	最低 5 成	
	有 1 套贷款记录（未结清）	最低 8 成	LPR 加点 105
	有 2 套贷款记录（未结清）	拒贷	

商办类房屋，本次购买不管是几套，最高只能贷 5 成，最长可贷年限为 10 年。

（2）南京市个人商业性住房贷款认房认贷分析

1）认房。以家庭（夫妻双方 + 未成年子女）为单位，查询南京范围内登记在其名下或备案在其名下的住宅套数；

2）认贷。全国范围内，以家庭（夫妻双方 + 未成年子女）为单位目前名下的住房贷款次数（包括南京的和外地的结清及未结清的住房贷款，以人民银行出具的征信报告为准）；

3）认房认贷政策。以家庭为单位，如果名下有房产或房贷记录都会计算在内，计算贷款次数（不含车贷、信用贷、助学贷款、消费贷、经营贷等非住房性贷款）和房产套数。

3. 办理个人住房商业性贷款

（1）贷款资格认定。也就是，认定购房人是否能申请住房商业贷款。认定内容：

1）借款人提供的收入真实有效。家庭收入的认定：①通过银行打印的工资流水认定；②通过借款人所有的银行卡流水认定；③通过所在工作单位开具的收入证明认定。家庭负债的认定：通过家庭成员的征信报告认定。征信报告没有体现的，一般不会认定。

2）征信较好。一般逾期不能"连三累六"（连三是指连续三个月逾期，即逾期 61~90 天；累六是指累计逾期 6 次），但每一笔逾期都在当月还清。逾期越多，征信越差，拒绝贷款的可能性越大。

3）符合限购政策的相关要求。

（2）贷款金额认定。也就是，认定购房人能贷多少钱。贷款金额 = 网签价格 × 贷款成数（银行取万位整数金额）。其中，网签价格，是指网签合同上体现的房屋成交价格。

（3）贷款期限认定。也就是，认定购房人能贷多长时间。贷款最长年限有下列 3 个影响因素，这 3 者得出的三个结果，取最小值，就是该笔贷款申请的最长贷款年限。

1）国家和地方政策。目前南京市政策规定，商业性住房贷款的期限最长不超过 30 年。

2）房屋年龄。一般要求房龄在 20 年以内。同时还需满足：贷款年限 + 房龄 ≤ 55/45/40（各银行之间有差异）。

3）借款人年龄。一般要求借款人不超过 60 周岁且未退休。各家银行对客户年龄的要求，见表 2-8。

（4）贷款利率认定。也就是，认定购房人申请的贷款利率是多少。目前银行贷款的执行利率，以及上下浮动范围，都是由人民银行确定，个人征信较差的（2 年内超过"连三累六"），若银行受理，则往往会提高贷款利率。南京市贷款利率见表 2-7。

（5）确定还款方式和每月还款额。也就是，购房人怎么偿还贷款？每个月需要还

银行对客户年龄的要求　　　　　　　　　　表2-8

银行名称	对男性年龄要求	对女性年龄要求
广州银行/建设银行	≤ 65 岁	≤ 60 岁
兴业银行/光大银行/农业银行/交通银行/中国银行/中信银行/招商银行/平安银行/广发银行/杭州银行/华夏银行/浦发银行	≤ 70 岁	≤ 70 岁
工商银行	≤ 75 岁	≤ 75 岁

多少钱？还款方式一般有等额本息还款法和等额本金还款法，由购房者根据情况决定。每月还款额由贷款总额和还款方式决定。

（6）了解提前还款有无违约金。也就是，购房人想提前结清银行贷款，银行多久可以提前还款，有无违约金，违约金是多少？很多银行执行半年后可提前还款，无违约金。但也有银行三年内提前还款收违约金，收取提前还款额一个月利息。

（7）计算客户按揭需求，引荐银行客户经理，签署《银行按揭合同》。合同签订毕，提醒客户领取合同时间。

4. 住房公积金贷款政策和购房者公积金现状分析

南京住房公积金的种类很多，有市公积金、省公积金、华东石油公积金、铁路公积金、军人公积金等。北京还有国家公积金。

（1）市公积金贷款的政策分析。南京市住房公积金贷款政策，见表2-9。

南京市住房公积金贷款政策　　　　　　　　　　表2-9

市属公积金						
公积金结清情况	使用次数	房产情况	名下住宅面积规定	最高可贷额度	利率	首付
已结清	首次使用	名下无房	无	个人 50 万元 夫妻 100 万元	基准利率	至少 2 成
		名下有 1 套房	总面积 ≤ 120m² 且人均面积 ≤ 40m²	个人 30 万元 夫妻 60 万元	基准利率上浮 10%	至少 2 成
	二次使用	名下无房	无	个人 50 万元 夫妻 100 万元	基准利率	至少 2 成
		名下有 1 套房	总面积 ≤ 120m² 且人均面积 ≤ 40m²	个人 30 万元 夫妻 60 万元	基准利率上浮 10%	至少 2 成
	三次使用	拒贷				
未结清	拒贷					

2018 年 4 月 1 日起，南京市住房公积金贷款最高可贷额度由 30 万元/人、夫妻双方 60 万元/户，调整为购买首套自住住房最高可贷额度为 50 万元/人、夫妻双方 100 万元/户；购买第二套住房仍按原有规定执行。

（2）购房者公积金现状分析。一是分析购房者是否有公积金账户；二是分析购房者公积金账户现有金额。

5. 办理个人住房公积金贷款

（1）贷款资格认定。申请住房公积金贷款应同时具备的条件：

1）借款人为具有完全民事行为能力的具有中华人民共和国国籍的自然人。申请贷款前，借款人须在南京住房公积金开户并且连续足额缴存住房公积金满6个月（含）以上，其个人和单位住房公积金账户处于正常状态。

2）借款人必须是购房人本人或建造、翻建、大修自住住房的产权人，且购买、建造、翻修、大修的自住住房位于南京市行政区域范围内。

3）借款人具有稳定的经济收入和偿还贷款本息的能力，个人征信良好，无影响贷款偿还能力的其他债务。

（2）贷款金额认定。市属公积金贷款额度与借款人个人月缴存额度、缴存比例、评估值、套数、贷款人年龄有关。市公贷款额度计算方式：

贷款金额＝月缴存额 / 缴存比例 ×0.45×12× 实际可贷年限（≤30年）；

连续缴存满5年可贷年限可在55周岁及60周岁基础上＋贷5年（具体以银行系统测算为准）。

$$月缴存额 = 个人缴存额 + 单位缴存额$$

$$缴存比例 = 个人缴存比例 + 单位缴存比例$$

（3）贷款期限认定。市属公积金贷款年限：

1）按借款人年龄计算贷款最长时间。男60（周岁）– 实际年龄；女55（周岁）– 实际年龄；

2）向银行提出申请公积金贷款，最长贷款30年（公积金最长贷款年限二手房不超过20年，新房不超过30年）。

上述按借款人贷款最长时间、国家规定最长贷款年限，两个方面计算后取低者为最终能贷款的年限。

（4）贷款利率认定。公积金贷款的基准利率由住房和城乡建设部根据中国人民银行调整存贷款利率的有关通知进行调整，目前政策见表2-10。根据表2-9和表2-10可以确定公积金贷款利率。

公积金贷款的基准利率　　　　　　　　　　　表2-10

贷款年限（N）	基准利率
$N \leq 5$ 年	2.75%
$N > 5$ 年	3.25

（5）还款方式与月还款额确定。还款方式一般有等额本息还款法和等额本金还款法，由购房者根据情况决定。每月还款额由公积金贷款总额和还款方式决定。

（6）办理个人住房公积金贷款。引荐 ×× 银行营业部客户经理，签署《银行公积金贷款合同》。

6.根据购房客户按揭需求设计贷款组合

购房人为节省利息，通常会选择住房公积金贷款或者组合贷款。由于住房公积金贷款利息比商业贷款低，所以首先必须充分使用公积金贷款。市公积金组合贷款是指在市公积金管理中心申请的贷款，与客户缴存何种公积金无关，客户同时使用市公积金贷款和商业贷款，一般是在个人贷款超过市公积金贷款的最高上限时使用。

（1）市组合贷款政策分析。组合贷款购房者既满足市公积金贷款的使用条件，又满足商业贷款的使用条件。具体的市组合贷款政策，见表 2-11。

市组合贷款政策　　　　　　　　　　　表2-11

房产情况	贷款情况	最低首付比例	最低利率	最长贷款年限
名下无住房	无住房贷款记录	最低 3 成	公积金部分：3.25% 商贷部分：首套利率	公积金部分： 二手房 20 年 一手房 30 年 商贷部分：30 年 具体见算法
	有住房贷款记录 （已结清）	最低 5 成	公积金部分：3.25% 商贷部分：首套利率	
名下有 1 套住房	无住房贷款记录	最低 5 成	公积金部分：3.575% 商贷部分：首套利率	
	有住房贷款记录 （已结清）	最低 5 成	公积金部分：3.575% 商贷部分：首套利率	
	有 1 套住房商业贷款记录（未结清）	最低 8 成	公积金部分：3.575% 商贷部分：二套利率	
	有 2 套贷款记录 （未结清）	组合拒贷		
名下有 2 套及以上住房	拒贷			

（2）市属组合贷款的年限确定。市属公积金贷款年限按照市属公积金年限确定办法确定；商业贷款年限按照商业贷款银行年限确定办法确定。

（3）市属组合贷款的额度确定。市属组合贷款的额度由公积金额度和商业贷款额度相加得出。其中，公积金部分的额度按照市属公积金额度确定办法确定；商业贷款部分的额度，按照下列办法确定：

商业贷款部分的额度 = 网签价 × 商业贷款成数 − 公积金贷款部分额度

省组合贷款、国组合贷款与市组合贷款类似。

西江瑞府售楼部，执行表 2-11 的市组合贷款政策。

客户，朱××，28岁。至今在南京工作6年零3个月，市属公积金一直正常缴纳，单位公积金缴存金额为800元，缴存比例为10%。本月购买一套75m²的住宅，总房价204万元，缴纳了65万元首付款，还剩下139万元靠银行按揭贷款解决。设计贷款组合：

（1）公积金贷款

朱××在南京目前名下无房，因此购买住宅按照首套房执行，最高公积金可贷金额为50万元；

公积金贷款金额=（800+800）/（10%+10%）×0.45×12×30=1296000（元）；

所以，购买该套住房最高公积金贷款额度为50万元。执行利率为3.25%。

（2）商业贷款

商业贷款额度=139-50=89（万元）。执行利率=4.9%+0.8%=5.7%。

7. 办理个人购买商品房提取公积金服务

（1）办理条件确认

1）购房者在户籍地或工作地购买拥有产权的预售商品房，可以一次性申请提取本人及其配偶的住房公积金；

2）购房者与父母（子女）共同购买同一套自住住房的，均可以提取住房公积金；

3）购房者与父母、子女以外人员共同购买同一套自住住房的，仅其中一方可以提取住房公积金；

4）在本市行政区域内有产权住房的购房者，在本市行政辖区以外购房，购房所在地不是购房者（配偶）工作地或户籍地的，不予提取；

5）购房者购买第三套及以上住房，其本人因购房已提取过两次及以上住房公积金的，不予提取；其配偶因购房已提取过两次及以上住房公积金的，不予提取。

（2）办理要件审核

1）不动产管理部门备案登记的商品房预售合同；

2）首付款增值税发票；

3）结婚证或单身声明（单身声明由单身职工在柜面窗口签字或线上确认）；

4）外地购房提供购房所在地的户口簿或半年以上社保缴纳明细；

5）身份证；

6）缴存银行的银行卡。

（3）办理方式

1）柜面办理。在主城区缴存的职工，携带以上材料到缴存银行主城区任一提取网点（南京住房公积金管理中心网站 – 常见问题 – 提取类）申请办理；在江宁、浦口、六合、溧水、高淳缴存的职工，携带以上材料到相应住房公积金分中心申请办理。

2）网上办理。在南京市主城区购买商品房的可以在中心网上办事大厅（www.njgjj.com）申请办理，需按以上材料内容填写相关提取申请信息。

（4）提取期限

提取期限为自商品房合同备案登记之日起一年内。

（5）提取额度

提取人合计提取总额不超过实际发生的购房支出。提取资金转账至职工在缴存银行的银行卡。

（6）办理时限

手续齐全情况下，柜面提取1个工作日内审批完毕，网上提取即时审批完毕。

6.5　必备业务知识

1. 国家调整基准利率影响贷款利率

这种情况涉及4个时间节点：

（1）人民银行发布的利率调整日期；

（2）银行放款月的执行利率；

（3）银行批贷日期；

（4）银行放款日期。只要利率调整日在放款日期之前，执行调整后的新利率。也就是，已面签、已批贷，只要未放款，执行调整后的新利率。对已放款的业务，1年内执行放款利率，1年后按照上月20日公布的利率执行。例如2019年10月25日发放贷款，执行的LPR为4.85，则2019年10月25日—2020年10月24日的LPR为4.85，2020年10月25日起执行的LPR为2020年9月20日公布的LPR，依此类推。

2. 住房公积金贷款

（1）住房公积金，也称公积金，是指职工及其所在工作单位缴存的长期住房储备金。住房公积金具有福利性，除职工缴存的住房公积金外，单位也要为职工交纳不低于职工个人缴纳的金额，而且住房公积金贷款的利率低于商业性贷款。不论是职工自己缴存的住房公积金，还是职工所在工作单位为职工缴存的住房公积金，均属于职工个人所有。

（2）住房公积金贷款，是指以住房公积金为来源，向参加住房公积金制度的职工发放的定向用于购买自住住房的个人住房贷款。

（3）能够申请公积金贷款的房屋类型。公积金贷款对房子的面积和房龄都没有要求，但是该套房产必须是65年以上产权的成套住宅。购买办公用房、商业用房、车库、别墅及其他非居住用房的；购买房屋部分产权（共有产权保障房除外）的；购买住房土地性质为非国有土地的，不能申请公积金贷款。

（4）信用状况影响公积金贷款：①借款申请人或其配偶仍有尚未偿还的逾期贷款的；②借款申请人准贷记卡或贷记卡透支逾期未还的；③贷款申请时近两年内，申请人商业贷款（不含助学贷款）逾期累计达到 6 期（含）以上且未出具合理说明的；④信用卡近 2 年内累计逾期期数达到 6 期（含）以上且未出具合理说明的（年费除外）；⑤住房公积金贷款累计逾期期数达到 6 期（含）以上的；⑥近 5 年内采取违规手段提取住房公积金或获取住房公积金贷款的；⑦近 2 年内有严重经济犯罪或对社会公共治安造成危害行为被相关部门登记在案的；⑧有债务纠纷尚未处理完毕被相关部门登记在案的；⑨管理中心认定的应该进入严重失信类的其他个人信息。

3. 等额本息还款法与等额本金还款法

（1）等额本息还款法。这种还款方式每月的还款额度是一样的，不过每月还款的额度中利息占据了大部分，相比于等额本金，同样的贷款额度和利率，等额本息每月的还款压力比较小，适合低收入者，这里值得注意的是等额本息整体还得利息比较多。

（2）等额本金还款法。这种还款方式适合收入稳步提升的人群，而且前期的还款压力比较大，在还款的时候本金占据了大部分，同样的贷款额度和利率，等额本金的总利息要比等额本息低，而且每月的还款额度是递减的，后期还款的压力会比较小。

4. 组合贷款

（1）组合贷款，是指符合商业贷款条件的借款人同时缴存了住房公积金，在申请商业贷款的同时，向银行申请个人住房公积金贷款。在购入商品房时，既有个人住房公积金贷款也有商业贷款的，便是"个人住房组合贷款"。

（2）组合贷款申请。在申请组合贷款时，涉及公积金和商业贷款的政策部分按照各自的政策标准执行，且遵循从严原则。申请流程同商业贷款办理的流程，公积金贷款的部分由商业银行代为办理。

6.6 必备业务要领

1. 现役军人使用公积金贷款方法

申请贷款前，现役军人需向部队申请开具《军人住房公积金贷款资格批准书》，然后携带相关备件在受理的商业银行办理面签手续，所需备件、贷款额度、利率按照公积金要求执行。

2. 贷款额度计算

贷款额度最终计算值遵循"逢千进万"原则，例如：计算得 292000 元，则可申请 30 万元；计算得 290200 元，则可申请 29 万元。

客户曹××，未婚，至今在南京工作 4 年零 1 个月，市属公积金一直正常缴纳，单位公积金缴存金额为 600 元，缴存比例为 10%。2020 年 9 月，曹 ×× 欲用市属公积金贷款在南京购买一套住宅，本次最高贷款额度计算如下：

（1）曹 ×× 在南京有住房商业贷款记录，目前名下无房，因此购买住宅按照首套房执行，最高可贷金额为 50 万元；

（2）贷款金额 =（600+600）/（10%+10%）× 0.45 × 12 × 30=972000（元）；

（3）购买该套住房最高贷款额度为 50 万元。

3. 市属公积金办理逐月代扣偿还商业贷款月供

要满足一定条件才可以办理代扣。条件如下：

（1）以家庭为单位，没有未结清的公积金贷款；

（2）名下不能超过两套房产（含两套），且提取公积金的次数不能超过两次（含两次）；

（3）征信报告上体现商业贷款记录后才能去申请，且申请商业贷款的银行可以申请公积金贷款；

（4）公积金账户内需留存 13 个月的余额。

4. 申请商业贷款，对于买受方产权人与借款人的要求

（1）买受方主借款人必须为上房本的人；辅助借款人可以不上房本；

（2）买受方申请人年龄要求在 18~59 周岁之间，超过该年龄不予申请，特殊情况可与银行沟通；

（3）买受方申请人未退休，退休后不可以申请贷款，但可以作为子女贷款的共同还款人；

（4）买受方主借款人和配偶征信不能"连三"或"累六"。

5. 收入证明不足以覆盖月供 2 倍的情形的解决方法

（1）增加共同借款人，共同借款人可允许放弃产权（除建设银行外，其余银行办理商业贷款的未婚共有不可以放弃产权）。

（2）更改还款方式或者延长贷款年限。

6. 预防银行拒贷情形

（1）虚假贷款申请资料，包括虚假身份证明、虚假收入证明、虚假工资流水、虚假征信记录、虚假婚姻证明、虚假购房合同、虚假结清证明等。

（2）征信记录非常差。逾期记录包括信用卡、房贷、车贷等还款逾期情况。

（3）虚假房地产交易。例如，买卖双方为亲属关系（父母子女、兄弟姐妹等），买卖双方为亲密朋友关系（男女朋友等），买卖双方为债权债务关系，均有可能被银行视为骗贷行为。

（4）超过退休年龄的客户（男性 60 周岁，女性 55 周岁）。

（5）借款人、共同借款人或产权共有人小于 18 周岁。

（6）收入证明不符合要求。中国银行业监督管理委员会要求，借款人住房贷款的月支出（总负债）与收入比应控制在 50% 以下（含），也就是收入应至少达到总负债月供的 2 倍。如：客户杨 ××，名下车贷每月还款 1300 元，其余无任何负债记录，现欲通过商业贷款购买浦口区的一套商品房，该商品房总价 160 万元，月供 6000 元。请计算杨 ×× 开具收入证明的最低金额。

杨 ×× 开具收入证明的最低金额为：（1300+6000）×2=14600（元）。

6.7 任务拓展

1. 商业贷款的基准利率

（1）LPR 的定义。贷款市场报价利率（LPR，即 Loan Prime Rate）是商业银行对其最优质客户执行的贷款利率，其他贷款利率可在此基础上加减点生成。贷款市场报价利率的集中报价和发布机制是在报价行自主报出本行贷款市场报价利率的基础上，由指定发布人对报价进行计算，形成报价行的贷款市场报价利率报价的平均利率并对外予以公布。新的 LPR 由各报价行于每月 20 日（遇节假日顺延）9 时前，以 0.05 个百分点为步长，向全国银行间同业拆借中心提交报价，全国银行间同业拆借中心按去掉最高和最低报价后算术平均，向 0.05% 的整数倍就近取整计算得出 LPR，于当日 9 时 30 分公布，公众可在全国银行同业拆借中心和中国人民银行网站查询。

（2）BP 的定义。基点（BP，即 Basic Point），万分之一的意思，即 0.01%。每个银行会在 LPR 利率的基础上增加 BP，具体增加多少根据各个银行自己的内部指标而定。在住房商业贷款中，银行执行的商业贷款利率形成机制为：商业贷款利率 = 贷款基础利率（LPR）+ 基点（BP）。例如：贷款 5 年以上，当月 LPR 为 4.85，2020 年 10 月，建设银行首套房加点 88.3 个基点（每一个基点的利率为 0.01%），所以当月建设银行的执行利率 =4.85%+0.883%=5.733%。

2. 贷款利率的影响因素

（1）LPR 值及城市的加点值。LPR 如何影响贷款利率？ 2019 年 10 月 8 日前，已发放的商业性个人住房按揭贷款和已签订合同但未发放的商业性个人住房按揭贷款，仍可以按原贷款合同约定执行。2019 年 10 月 8 日实行 LPR 后，借款人可与银行约定贷款方式。重定价周期最短为 1 年。可以一年一调，也可以 30 年贷款周期不变。

（2）名下是否有未结清的贷款。

（3）名下房产的套数情况。

（4）个人征信情况。个人征信较差的，银行可能会提高贷款利率。

任务7　新房交易税费代办与权证办理

7.1　任务情景

孙××按照师傅王××的指导要求，全程服务并顺利完成了客户朱××的西江瑞府购房组合贷款。朱××在经纪人员服务下，终于办好了139万元的组合贷款，就等着拿证了。尽管他承受贷款的压力，但突然有房子的感觉还是让他对生活充满着美好期待。

还是毫无悬念，孙××继续服务客户朱××办理房屋权证，进入"新房交易税费代办与权证办理"任务训练。

这是"工作领域2　新建商品房销售"的最后一个任务。孙××表示很有信心完成这一"新房交易税费代办与权证办理"的新任务。

7.2　任务分析

新房交易税费代办与权证办理任务内容主要有3项：

（1）税费计算；

（2）税费代办；

（3）权证办理。

7.3　任务流程

新房交易税费代办与权证办理任务流程有4个步骤：

（1）工作准备；

（2）新房买卖税费政策分析与计算；

（3）税费代办；

（4）新房权证办理。

7.4　任务实施

1. 工作准备

（1）购房合同，购房款发票；

（2）缴纳税费的相关资料；

（3）权证办理的相关资料。

2. 新房买卖税费政策分析与计算

（1）新房买卖契税政策与计算。南京新房契税政策，见表2-12。

南京新房契税政策 表2-12

购买人	用途	套数	建筑面积	计算公式
个人	住宅	首套	≤ 90m²	房屋成交价 ×1%
			> 90m²	房屋成交价 ×1.5%
		二套	≤ 90m²	房屋成交价 ×1%
			> 90m²	房屋成交价 ×2%
		三套及以上	—	限购
	非住宅	—	—	房屋成交价 ×3%
企业	住宅	—	—	限购
	非住宅	—	—	房屋成交价 ×3%

1）契税税率。契税条例规定的契税税率为 3%~5%，南京市的契税税率为 1%~3%。

2）契税免征或者减征的常见情形。有：

①法定继承人（包括配偶、子女、父母、兄弟姐妹、祖父母、外祖父母）继承土地、房屋权属，免征契税；

②夫妻更名、夫妻加名、夫妻房屋财产分割，免征契税；

③交换房屋，可以抵扣契税，按照差额缴纳；

④拆迁后购买房屋，在缴税当时，凭拆迁协议可以直接减免契税，仅限夫妻间可享共同减免。

再买房需要缴纳的契税 =（购房时网签价 – 拆迁补偿价格）× 购房时契税税率；若购房时网签价低于拆迁补偿价格，则契税全免，差额部分可以继续使用。

3）房屋为多人共有的契税缴纳。如房屋为多人共有，则契税按各个共有权人家庭住宅套数最多者计算。

例如：客户张 ×× 和好友李 ×× 欲共同购买一套新盘住宅，建筑面积为 92m²。购买时张 ×× 份额为 30%，李 ×× 份额为 70%，计税价为 200 万元。张 ×× 名下已经有一套住宅，李 ×× 名下无任何住宅。

计算在交易过程中需要缴纳的契税：李 ×× 名下无房，张 ×× 已有一套住宅，因此按照二套计算契税，缴纳金额为：200×2%=4（万元）。

（2）新房买卖印花税政策与计算。印花税是在销售、转让房地产过程中书立的合同、协议、数据等，应按产权转移书据税目，由交易双方分别按照书据所载金额万分之五缴纳印花税——产权转移书据（以下简称印花税）以及 5 元 / 本的印花税——权利许可证照费（以下简称贴花）。

1）依据《关于实施小微企业普惠性税收减免政策的通知》，在 2019 年 1 月 1 日至 2021 年 12 月 31 日期间，印花税减半征收，基准税率为 0.025%，贴花减半征收，即 2.5 元 / 本。印花税具体计算，见表 2-13。

印花税具体计算内容　　　　　　　　　　　　表2-13

房屋用途	客户	计算方式
住宅	个人	客户：2.5 元 / 本； 业主免征
非住宅	—	客户为：本次计税总价 ×0.025%+2.5 元 / 本； 业主为：本次计税总价 ×0.025%
住宅	公司	客户为：本次计税总价 ×0.025%+2.5 元 / 本； 业主为：本次计税总价 ×0.025%

2）一般纳税人的印花税及贴花不减半。

3）印花税免征或者减征的常见情形：

①法定继承人继承土地、房屋权属，免征印花税；

②夫妻更名、夫妻加名、夫妻房屋财产分割，免征印花税；

③住宅类房屋交易免征印花税。

（3）住宅专项维修资金政策与计算。商品房业主在办理房屋入住手续前，将首期住宅专项维修资金存入专户。

1）住宅专项维修资金政策。依据《住宅专项维修资金管理办法》，商品住宅的业主、非住宅的业主按照所拥有物业的建筑面积交存住宅专项维修资金。每平方米建筑面积交存首期住宅专项维修资金的数额为当地住宅建筑安装工程每平方米造价的 5%~8%。

2）专项维修资金计算依据。直辖市、市、县人民政府建设（房地产）主管部门应当根据本地区情况，合理确定、公布每平方米建筑面积交存首期住宅专项维修资金的数额。南京市住宅专项维修资金交存标准为：电梯住宅，120 元 /m²；非电梯住宅，75 元 /m²。

3. 税费代办

购房者可以到住房所在区县的房地产交易中心税务窗口申报缴纳个人住房税费。

（1）税费缴纳资料查验。所需资料均为查验原件，留存复印件。

1）商品房（含经济适用房）购房合同。

2）身份证明（个人的，提供居民身份证或户口簿；单位的，提供营业执照或组织机构代码证）。

3）委托他人代办的提供委托书及被委托人身份证明。

4）购买经济适用房的提供准购证。

5）因面积增加补交契税的，须提供购房合同、契税完成税证明、房产局认可的测绘单位出具的实测结果报告书、身份证明。

（2）税费缴纳符合家庭唯一生活住房需查验的资料。所需资料均为查验原件，留存复印件。

1）户口本。

2）结婚证（已婚需提供）。

3）房产交易部门提供的所有家庭成员的家庭住房登记记录并出具书面查询结果；如果当地不具备查询条件的，而不能提供家庭住房登记查询结果的，并就此出具书面说明的，纳税人应向征收机关提交家庭住房实有套数书面诚信保证。

西江瑞府售楼部：商品房税费代办执行表 2-12、表 2-13 和《住宅专项维修资金管理办法》。

客户，朱××，购买一套 75m² 的住宅，总房价 204 万元，名下 1 套住宅。计算税费缴纳：

（1）契税缴纳，按房屋成交价 ×1%=204 万元 ×1%=20400 元；

（2）印花税，按 2.5 元 / 本 ×1 本 =2.5 元；

（3）住宅专项维修资金，按电梯住宅：120 元 /m² × 75m²=9000 元；

（4）朱 ×× 税费缴纳总计 =20400 元 +2.5 元 +9000 元 =29402.5 元。

4. 新房权证办理

（1）初始登记。初始登记阶段需要查看开发商的五证两书。五证指《建设用地规划许可证》《建设工程规划许可证》《国有土地使用证》《建筑工程施工许可证》《商品房预售许可证》；两书是指《住宅质量保证书》和《住宅使用说明书》。

（2）填写《房屋权登记申请表》。购房者在确定初始登记完成后，主动到管理部门领取并填写《房屋（地）权登记申请表》。填写完成后，让开发商签字盖章。

（3）拿测绘图（表）。房屋产权登记部门要确定产权证上的房屋信息，测绘表是标注面积的重要依据，必须携带。购房者可以携带个人身份证直接到开发商处领取。

（4）在开发商处领取办证相关文件，主要包括购房合同、房屋结算单、大房产证复印件等。

（5）交公共维修基金、契税等缴纳凭证。

（6）提交申请材料。

（7）规定时间内领取房屋产权证。购房者携带管理部门给的领取证书的通知书，按照通知书上的时间领取房屋产权证。期间，需要缴纳产权登记费，居民住宅每套 80 元，如有共有权证增收工本费 10 元 / 本。要仔细核对产权证上的信息，面积、位置、权利人姓名、权属状态等信息要准确无误。

7.5　必备业务知识

1. 房地产契税

房地产契税是指在土地、房屋权属发生转移时，对产权承受人征收的一种财产税。纳税人为承受土地、房屋权属的单位或个人，即购买人。计税依据为官方认可的成交价格。

2. 住宅专项维修资金

住宅专项维修资金指专项用于住宅共用部位、共用设施设备保修期满后的维修和更新、改造的资金。住宅共用部位包括承重墙体、屋顶以及户外的墙面、门厅、楼梯间、走廊通道等；共用设施设备包括电梯、绿地、道路、路灯、非经营性车场车库等。交存住宅专项维修资金有利于小区共用部分及时得到维修和更新，保障住宅小区业主的利益与安全。

7.6　必备业务要领

影响契税税率的因素：

（1）购买人性质，个人还是公司；

（2）房屋用途，住宅还是非住宅；

（3）房屋套数，首套还是二套；

（4）建筑面积，90m^{2}以下还是90m^{2}以上。

7.7　任务拓展

1. 不动产权证和房产证的区别

不动产权证比房产证产权内容更详细。它们具体的区别如下：

（1）名称不同。房产证全称为中华人民共和国房地产权证；不动产证全称为中华人民共和国不动产权证书。

（2）性质不同。不动产权证是房产证和土地使用权证书的合二为一。

（3）防辐射标签区别。房产证没有防辐射标签；不动产证有防辐射标签。

（4）内容不同。房产证包含房屋所有权人、共有情况、房屋坐落、登记时间、房屋性质、规划用途、房屋状况和土地状况；而不动产权证对比房产证增加了镭射区、不动产单元号、适用期限等内容。

（5）发证机关不同。房产证印章：发证机关是市（县）房地产管理局（房产管理局）或市（县）人民政府。不动产权证印章：不动产登记机构是由县级以上人民政府依法确定的、统一负责不动产登记工作的部门，如："××县自然资源局不动产登记专用章"。

（6）版本不同。房产证书只有一个版本，而不动产权证书有两个版本，包括单一版和集成版。单一版证书记载一个不动产单元上的不动产权利，而集成版证书记载同一权利人在同一登记辖区内享有的多个不动产单元上的不动产权利。

（7）费用不同。房产证在办理这些证书时，需要按照土地面积、房产面积分别进行两次测绘，缴纳两次测绘费用，缴纳两次制证成本费。不动产证测绘只要一次就行，制证的成本费也只收一次。另外，购房时，也不必再多部门来回跑，所有手续都可在不动产登记中心一站完成。

2. 房产证不一定要换成不动产权证

按照国家"不变不换"的原则，权利不变动，证书不更换，旧证、新证同时具有法律效应。只要市民没有办理抵押登记、变更登记、转移登记等的需要，就不需要换证，旧证依然有效。没有规定在一定期限内换证，以后依法办理变更、转移等登记工作时，将逐步更换为新的不动产权证书。

7.8 综合实训

1. 实训名称

门店所代理的楼盘销售。

2. 实训内容

演练1 新建商品房销售代理项目分析；

演练2 新房（期房和现房）带看；

演练3 购房资质审核；

演练4 新房公证摇号认购；

演练5 新房交易资金缴纳；

演练6 购房贷款与公积金提取；

演练7 新房交易税费代办与权证办理。

3. 实训作业文件

门店所代理的楼盘销售总结报告。

 小结

新建商品房销售工作领域主要有七个工作任务。"任务1　新建商品房销售代理项目分析"的任务是新建商品房销售代理项目基本情况分析、销售代理业务内

容分析、新房销售环节分析；根据任务内容设计了任务流程；根据任务流程逐步开展任务实施；介绍了新建商品房销售代理项目分析必备的业务知识和必备的业务要领，并围绕新建商品房销售代理项目分析任务拓展了相关知识、技巧和经验。"任务2　新房带看"的任务是对任务1形成的商品房销售代理项目分析报告组织新房带看；根据任务内容设计了任务流程；根据任务流程逐步开展任务实施；介绍了新房带看必备的业务知识和必备的业务要领，并围绕新房带看任务拓展了相关知识、技巧和经验。"任务3　购房资质审核"的任务是对本市户籍家庭购房资质审核、非本市户籍家庭购房资质审核以及单位购住宅的资质审核，设计了任务流程，开展任务实施，介绍了必备的业务知识和必备的业务要领，并拓展了相关知识、技巧和经验。"任务4　新房公证摇号认购"的任务是引导有购房资质的客户参与公证摇号、按摇号排序引导客户选房、认购客户签约，设计了任务流程，开展任务实施，介绍了必备的业务知识和必备的业务要领，并拓展了相关知识、技巧和经验。"任务5　新房交易资金缴纳"的任务是支付订金或定金、支付首付款、支付余款，设计了任务流程，开展任务实施，介绍了必备的业务知识和必备的业务要领，并拓展了相关知识、技巧和经验。"任务6　购房贷款与公积金提取"的任务是为购房客户设计贷款组合、办理个人住房商业性贷款、住房公积金贷款、办理个人公积金提取服务，设计了任务流程，开展任务实施，介绍了必备的业务知识和必备的业务要领，并拓展了相关知识、技巧和经验。"任务7　新房交易税费代办与权证办理"的任务是税费计算、税费代办、权证办理，设计了任务流程，开展任务实施，介绍了必备的业务知识和必备的业务要领，并拓展了相关知识、技巧和经验。最后，安排了门店所代理的楼盘销售综合实训，形成最终的门店所代理的楼盘销售总结报告。

 ### 思考题

1.如何进行新建商品房销售代理项目分析？

2.如何开展新房带看？

3.如何审核购房资质？

4.如何引导客户参与新房公证摇号并促成认购？

5.如何办理新房交易资金缴纳、购房贷款与公积金提取？

6.如何进行新房交易税费代办与权证办理？

03

工作领域 3　房源信息搜集与市场推广

 工作领域描述

　　房源信息是经纪人作业的基础。拥有大量真实的房源信息，才能给客户提供高品质服务。存量房交易服务是数字化经纪服务的重要业务，是房地产经纪机构主要收入来源之一。房源信息搜集与市场推广是存量房交易服务的核心业务环节，是经纪服务人员的重要工作领域，需要相应的工作技能。

 工作领域内容

1. 商圈跑盘与房源空看；
2. 房源信息搜集与线上录入；
3. 房源实勘查验与拍摄；
4. 房源委托与线上发布；
5. 房源市场推广。

 工作技能要求

1. 能够理解房地产经纪服务职业标准和工匠精神；
2. 能够进行商圈跑盘与空看；
3. 能够进行房源信息搜集与线上录入；
4. 能够进行房源实勘查验与拍摄；
5. 能够进行房源委托与线上发布；
6. 能够进行房源市场推广；
7. 能够撰写房源信息搜集与市场推广总结报告。

任务1　商圈跑盘与房源空看

交易房屋是房地产交易的客体。为做好房地产经纪服务，经纪人应熟悉交易房屋能否上市交易，上市交易要注意哪些问题等，把控交易中可能出现的风险。

1.1　任务情景

孙××在师傅王××的指导下跑了一个多月的西江瑞府，学会了很多新建商品房销售岗位知识，其中全程服务客户朱××在西江瑞府购房任务顺利完成。孙××初步理解房地产经纪服务职业标准和工匠精神；能够进行新建商品房销售代理项目分析；能够进行新房（期房和现房）带看；能够审核购房资质；能够引导客户参与新房公证摇号并促成认购；能够办理新房交易资金缴纳、购房贷款与公积金提取；能够进行新房交易税费代办与权证办理。孙××提交了西江瑞府销售总结报告，回到了瑞金路门店。

王××看到孙××的实训报告，虽然粗浅倒也完整，有模有样的，认为他在"工作领域2　新建商品房销售"的技能培训达到了要求。

按照技能培训计划，孙××开始进入"工作领域3　房源信息搜集与市场推广"的训练。王××在房源信息搜集与市场推广工作领域轻车熟路，认为首先要扎实做好"商圈跑盘与空看"基本功。商圈跑盘一般每月或每季度一次，每次商圈跑盘都是对上次信息的修订完善。房源空看为每个新人必看的实战科目。

孙××活泼好动，乐于跟着师傅"跑盘瑞金路商圈"。

1.2　任务分析

商圈跑盘与空看任务内容主要有3项：

（1）周边大型配套信息采集；

（2）手绘商圈图和楼盘平面图；

（3）采集整理空看房源的信息。

1.3　任务流程

商圈跑盘与空看任务流程有7个步骤：

（1）工作准备；

（2）商圈界限及周边大型配套信息采集；

（3）根据采集的信息形成手绘商圈图；

（4）采集楼盘平面图所需要的信息；

（5）在手绘商圈图添加楼盘平面图；

（6）采集空看房源的信息；

（7）整理商圈跑盘与空看信息。

1.4 任务实施

1. 工作准备

（1）物料准备，包括交通工具（如电动自行车）、照相工具（如5G手机）、黑皮本、便利贴、名片以及白纸、铅笔、橡皮、尺子等绘图工具，另外还有穿平底鞋、背包、带水杯。

（2）心态准备。跑盘有点辛苦和枯燥，可以与其他新人结伴跑盘、制定每天跑盘的任务，让每天都有成就感。跑盘可以熟悉商圈，以便清楚便捷地带看路线、展现专业的商圈介绍。要有充分的思想认识：

1）跑盘能清楚商圈的道路情况，未来可以指导看房的客户开车或坐公共交通走哪条线路更方便，或客户询问楼盘与各大配套之间距离时能准确回答。还可能发现一些捷径小路以便将来方便带看。

2）能记住周边的配套，将来能为客户如数家珍地展现商圈的卖点，其中，要记住银行和提款机的位置，方便客户今后取定金或居间代理费。

3）跑盘有助于快速熟悉楼盘信息，通过跑盘，清楚知道每个楼盘的位置和配套设施，只有熟悉小区的信息，当客户提出问题时，才知道如何应对，留住客户。

（3）信息准备。询问商圈经理或师傅：跑盘的范围、跑盘的时间、跑盘的交付物，房源空看信息包含的要素以及房源录入软件系统。

2. 商圈界限及周边大型配套信息采集

（1）瑞金路商圈界限。东至御道街，西至解放路，南至明御河，北至中山东路。需要记住商圈内所有道路的名称、红绿灯口（留意看看每条道路的堵车情况），各楼盘的名称、位置。

（2）周边大型配套。记录每条路上的周边配套。客户十分关心周边配套，了解周边配套能为客户呈现楼盘卖点。

1）商业要记录位置和名称，包括：酒店、超市、商场、大型标志性建筑（写字楼、大厦、地标等）、娱乐场所（KTV、游戏厅等）。

2）银行要采集2个信息：各大银行营业厅的名称和位置；ATM机的所属银行和位置（特别是老年人需要）。

3）医疗机构（包括大型医院、社区医院等）采集信息：医疗机构的名称、位置。

回店后可以上网查找或咨询商圈经理或师傅关于医疗机构的等级、医疗特色、是否能使用社保等信息。

4）学校采集信息：学校的位置、名称、入口。跑盘后可额外采集丰富的信息，如商圈内幼儿园、小学、中学等可通过学校官网、咨询资深经纪人或师傅了解招生条件、规模、年级、知名度、收费标准、教学特色、学校的放学时间等。

5）交通采集信息，包括：每个公交站点 / 地铁站的位置、站名；各公交站点有哪几路车、地铁站通几号线以及线路起始点。方便为客户提供乘车路线。

6）公园、景点要采集的信息，包括：公园 / 景点的名称、位置（家中有老人的客户最关注的）。可以额外丰富的信息，如收费情况、开园闭园时间、园中 / 景点中有无特殊活动（如庙会）等。

3. 根据采集的信息形成手绘商圈图

跑盘结束后，及时返回店面画商圈图、各楼盘平面图，并主动让师傅帮忙核查。可以借助地图软件，手绘商圈图。如瑞金路商圈含瑞阳小区、瑞金新村等 9 个楼盘，可以借助地图软件手绘该商圈，如图 3-1 所示。

4. 采集楼盘平面图所需要的信息

商圈内有很多楼盘，必须记录楼盘的信息。楼盘平面图要采集以下信息：

（1）小区名称；

（2）小区的入口（数量、方位）；

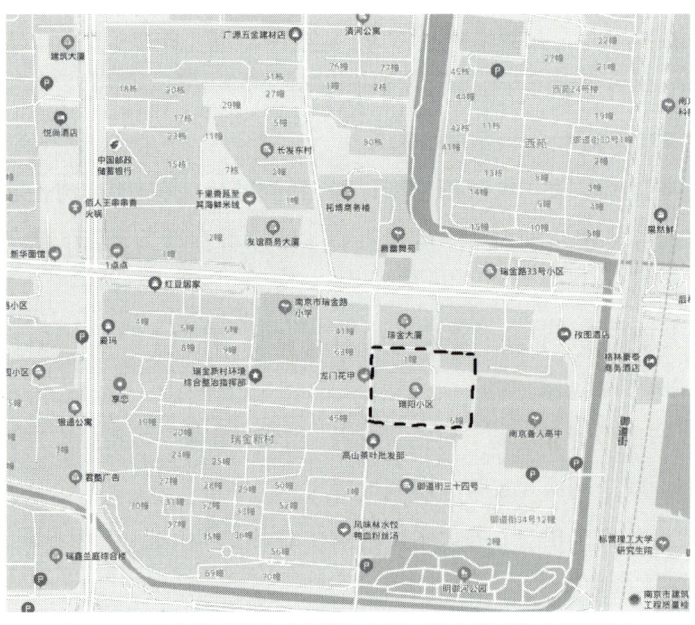

图 3-1　瑞金路商圈图（含瑞阳小区、瑞金新村等 9 个楼盘）

（3）每个楼栋的位置、楼号；

（4）楼栋的建筑类型（如果是板楼要标注清楚朝向）；

（5）小区内配套（停车场、广场、公园、人工湖）等。

5. 在手绘商圈图添加楼盘平面图

楼盘是跑盘的重点，必须根据记录的楼盘信息，画出楼盘平面图。瑞金路商圈有瑞阳小区、瑞金新村等9个楼盘。以瑞阳小区为例，共6幢楼，其跑盘记录信息，见表3-1。

经纪人跑盘记录表　　　　　　　　　　　　　　　　　　表3-1

楼盘情况	楼盘名称	瑞阳小区	建造年代	1982 年
	地理位置	如图 3-1 所示，位于瑞金路商圈核心	楼盘栋数	6 幢楼，250 户
	楼盘主要户型	两室一厅、三室一厅	楼盘内设施	自行车车棚、车库
	物业公司	翠竹物业公司	物业费用	0.5 元 /m² · 月
周边配套	周边交通	5 路公交车，距 2 号线明故宫站 1.3km	周边学校	小学 2 所、幼儿园 6 所、初中 1 所、高中 1 所
	周边超市	3 个	周边菜场	2 个
	周边医院	1 个卫生服务站、1 家三甲大医院	周边银行	2 个营业部，4 个 ATM 机
	周边警局	1 个		
市场预估	了解出售均价	4.7 万 /m²	了解出租行情	4500 元 / 月
	升值潜力如何	升值潜力较大		
小区优势	有无楼王	无		
	小区特色	交通便利、配套成熟		

根据表 3-1 信息，手绘瑞阳小区楼盘平面图，如图 3-2 所示。

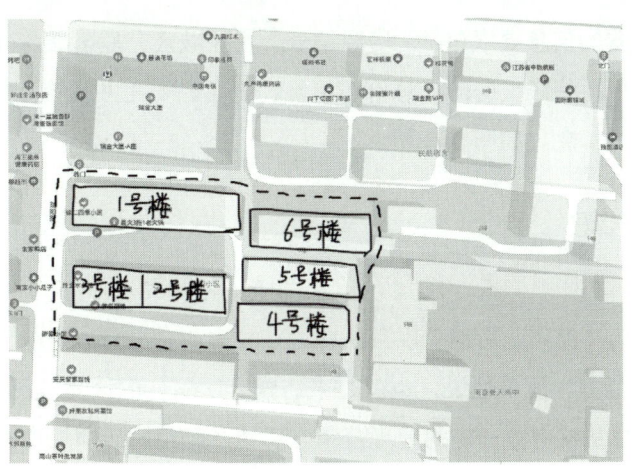

图 3-2　瑞金路商圈瑞阳小区平面图

6. 采集空看房屋的信息

（1）房屋空看的内容。空看要看客户会问的、客户在意的内容，一般是房屋的亮点。

1）对于售卖的房子，主要看：

①有无漏水，房顶有没有水渍；

②格局是否有改动，如两居改三居、厨改厅；

③装修程度，毛坯还是精装；

④各房间的特点，有光无光，是否全明，哪个房间大，哪个房间小；

⑤家具家电是否赠送。

2）对于租赁的房子，主要看：

①看家电；

②看家具；

③看装修。

（2）怎么开展空看。携带一份空看记录表，记录空看前及空看中需要了解的信息。

空看前记录：房源编号，物业地址，居室，面积，楼层，报价，朝向，建成年代；

空看中记录：

1）居室：主卧位置、次卧位置、厨房位置、卫生间位置等。

2）装修：装修风格、装修程度、装修特色。

3）面积：各居室面积。

4）家具家电：新旧程度，是否齐全等。

5）空看后记录：总结房屋的 2~3 个优点；画出户型图。

7. 整理跑盘空看的房屋信息

（1）房屋空看的信息要素包括：房源编号、所在城区、片区、栋号、房号、楼层、房型、朝向、面积、装修、房龄、总价、单价、配套、委托方式等。

（2）录入房源信息。如图 3-3 所示。

1.5 必备业务知识

1. 商圈

商圈，指门店（商店、店铺）以其所在地点为中心，沿着一定的方向和距离扩展，吸引顾客的辐射范围。简单地说，也就是来店顾客所居住的区域范围。每个房地产经纪门店的服务，总是覆盖有一定的地理范围。房地产经纪门店所属商圈由核心商业圈、次级商业圈和边缘商业圈构成。

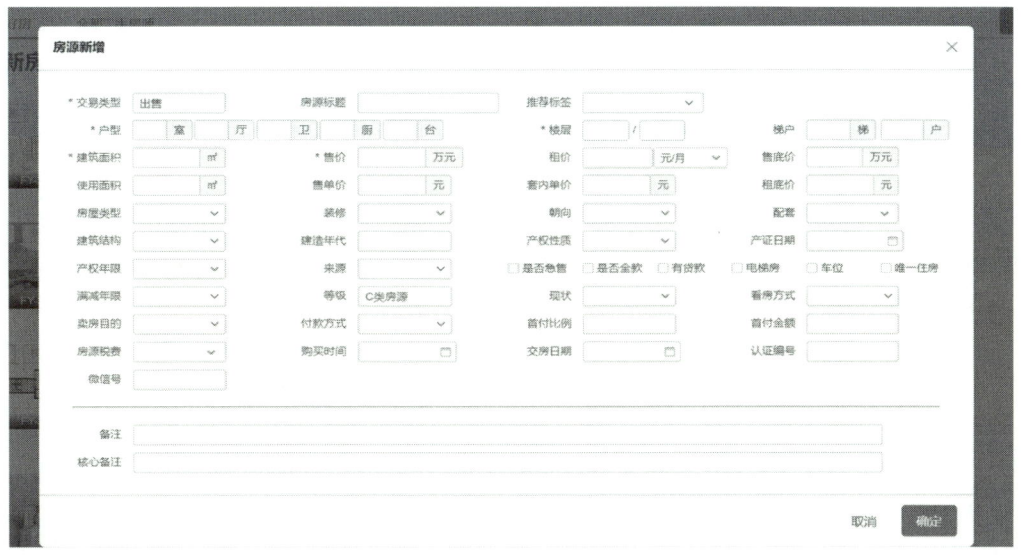

图 3-3　空看房屋信息录入

（1）核心商圈，是离门店最近，辐射半径范围一般为 0.5~1.0km，是顾客密度最高的地方，占顾客的 50%~80%。

（2）次级商圈，是指位于核心商圈外围的商圈，辐射半径范围一般为 1.0~2.0km，次级商圈内的顾客占 15%~25%。本商圈内顾客较为分散。

（3）边缘商圈，是指处于商圈的最外缘，辐射半径范围一般在 2km 以外，会有 5%~10% 的顾客。商圈内拥有的顾客最少，而且最为分散。

2. 跑盘及意义

（1）跑盘。跑盘指房产经纪服务人员把开盘的房地产项目彻底了解一遍。具体来说，就是房地产经纪人为了对执业范围（执业商圈）内的房产、社区布局、周边配套以及楼盘详情有深入了解，而通过实地走访勘察，达到"眼见为实"的目的。

（2）跑盘意义。跑盘不仅可以熟悉商圈，而且可以帮助经纪人快速熟悉楼盘信息。通过跑盘，经纪人可以清楚知道每个楼盘的位置和配套设置。经纪人只有熟悉小区的信息，当客户提出问题时，才知道如何应对，留住客户。作为专业房地产经纪人来说，如果不能了解自己所处商圈的特性、卖点，可以说是一种对客户不负责任的行为，也很难取得客户信任，做出业绩。

3. 空看及意义

（1）空看。就是不带着真正的承租方或买方去看房，而是中介公司自己人先去实地看房。

（2）空看意义。空看对经纪人大有帮助，空看让经纪人充分了解房源，这是达成交易的第一步。大量认真的空看，能让经纪人在面对客户时，自信满满，对答如流。脑中有房，描述有感，匹配更迅速。空看对经纪人有三大帮助：

1）了解房源。空看的房源更加容易被熟记；大脑中对房源有立体印象。

2）强化记忆。快速反应匹配房，介绍房源更有吸引力。

3）介绍房源更有条理。可使端口呈现房源更加立体，给客户介绍时更有针对性。

1.6 必备业务要领

商圈跑盘与空看，细节体现专业。

要注重的细节有：

（1）空看的信息采集表在空看前一定要准备好；

（2）空看要戴鞋套；

（3）不随意搬弄东西；

（4）如果房间有些脏，帮忙打扫一下；

（5）记得做标记。如房间没有电、水，标记好，下一个来看房的同事会知道；

（6）随手关窗关灯、临走时锁好房门。从细微处体现专业，给同事留下好印象，给客户留下好服务。

1.7 任务拓展

商圈跑盘与空看贵在坚持，坚持成就未来。

第一次跑盘的时候，先采集到周边大型的配套的重要信息即可。但之后跑楼盘和开始作业时，要不断地重复加深记忆周边配套的详细信息，记忆得越多，给客户介绍的时候就越丰富，专业能力显示得越强。跑楼盘时可额外采集下面信息，可以更直观地记住各楼盘详细信息。楼盘信息了解越细，为客户介绍就越专业。

（1）楼盘位置、外观或者特征。

（2）楼盘的开发商。

（3）楼盘的总建筑面积、绿化率。

（4）楼盘的产权性质，楼龄。

（5）楼盘的户型：楼盘主力户型，主要户型的优劣势。

（6）总楼栋数、总户数。

（7）每栋楼有几个门、一梯有几户（进入每栋楼里面看）。

（8）小区门/楼栋门是否有门禁卡。

（9）小区附近的停车状况：是否有专门的停车场（地上还是地下）、小区外面的停车点是否收费。

（10）不同户型的出租价 / 现售均价。

（11）车位、车位费。

（12）物业费、水 / 电 / 燃气费。

任务 2　房源信息搜集与线上录入

2.1　任务情景

孙 ×× 在师傅王 ×× 的指导下跑了几天瑞金路商圈。正如师傅所言"商圈跑盘与空看"果然是基本功，通过拉网式的跑盘和几套房屋的空看，孙 ×× 整理了一大堆商圈跑盘与空看的信息，感觉存量房业务与新楼盘商品房业务一样有意思。

王 ×× 看到孙 ×× 整理的商圈跑盘与空看的信息，感觉孙 ×× 也是做存量房业务的好苗子，今天给他布置了"房源信息搜集与线上录入"的新任务。有了商圈跑盘与空看的基础，孙 ×× 首先向瑞阳小区出发搜集房源信息。

2.2　任务分析

房源信息搜集与线上录入任务内容主要有 3 项：

（1）出售房源信息搜集；

（2）出租房源信息搜集；

（3）房源信息线上录入。

2.3　任务流程

房源信息搜集与线上录入流程有 4 个步骤：

（1）工作准备；

（2）拓展商圈房源信息获取渠道；

（3）房源信息搜集；

（4）房源信息线上录入。

2.4　任务实施

1. 工作准备

（1）物料准备，包括交通工具（如电动自行车）、照相工具（如 5G 手机）、名片、黑皮本、便利贴以及纸笔。

（2）信息准备。商圈跑盘整理的信息；房源录入系统软件端口。

2. 拓展商圈房源信息获取渠道

商圈房源信息获取渠道主要有：

（1）小业主房源开拓的渠道。主要有：

1）广告获取：互联网广告；路牌广告；报纸广告。

2）公司 APP、公司网站获取。

3）社区获取，到社区派发宣传单。

4）人流密集地（如地铁口、商场门口）获取，蹲点、派发宣传单。

5）直接接触获取或电话访问获取。公司内部都会通过一些途径获得小区业主的名单，可以一一打电话，看他们是否有房子愿意出租或者出售。这种方法可能会招到业主的嫌弃，一般不会有太好的结果，有些房地产经纪公司已经禁止这一方式。

6）门店获取，就是坐等业主把房源信息主动送上门来。当有客户上门时，一定要热情主动地去迎接客户，客户不是来登记房源的，就是有买房意向的。

7）介绍获取。老客户、朋友等介绍来的。客户介绍就是以前的老客户转介绍的，对于已经成交的客户要做好售后服务，要和客户做朋友，每位客户都有属于自己的关系圈，相信会带来预期的效益。

房地产经纪公司常用的且较理想的、成本也较低的房源开拓渠道是在社区和人流密集地派发宣传单，这种方式被许多经纪公司所采用。

（2）大业主房源开拓的渠道。主要有：

1）房地产开发商。委托代理销售。

2）资产处理公司，有遭到法院查封而被拍卖的房子，其拍价一般低于市场价 10%~20%，也有典当房，被典当或抵押到期没有赎回而被拍卖的房子，拍价一般也低于市场价。

3）银行。逾期不还贷款的抵押物业出售。

4）大型企事业单位。自有物业出售（租）。

5）地方相关行业。产业物业出售（租）。

（3）最常用的 4 种房客源搜集渠道：店面接待、社区驻守、电话接听、互联网。

3. 房源信息搜集

房源信息搜集，就是在房源拓展中获取有委托出售（租）意向的信息。经纪服务人员，可以通过上述多种渠道在商圈搜集房源信息。房源信息有两类：

（1）待出售的房源。希望卖出持有的房产，收回房产投资，或者用于换购另外的房子。

（2）待出租的房源。希望租出持有的房产，获得稳定的收益。

例如，瑞金路门店：经纪人搜集到瑞阳小区一套出售房源。

房源信息如下：

1）房主，李××。

2）房源所在区域：秦淮区、瑞金路片区。

3）楼盘名称：瑞阳小区。

4）栋号、房号：3-702。

5）房型、面积、朝向：两室一厅、85.2m²、南北。

6）建筑年代：1998年。

7）装修：精装修；家具齐全。

8）小区配套：公交、地铁、幼儿园、小学、中校、商场、菜场、银行、医院、车位俱全。

9）总价、单价：385万元、45188元/m²。

4. 房源信息线上录入

（1）房源信息要素。与房屋空看的信息要素相同：房源编号、所在城区、片区、栋号、房号、楼层、房型、朝向、面积、装修、房龄、总价、单价、配套、委托方式等。

（2）线上录入门店的房源系统里。通过房源录入系统软件端口，把搜集的房源信息录入系统里。

瑞金路门店经纪人搜集到的瑞阳小区一套出售房源，信息录入如图3-4所示。

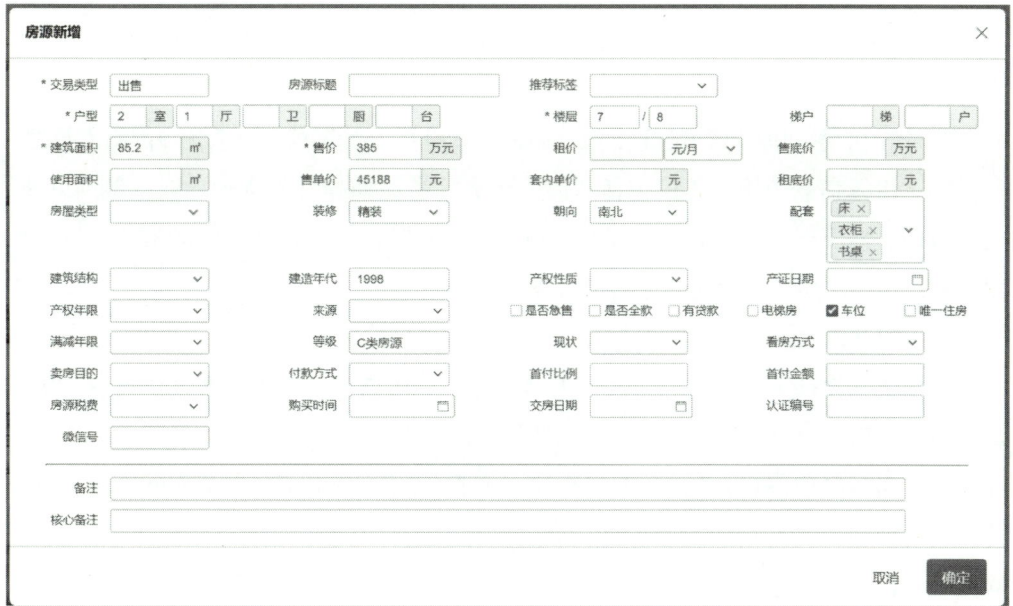

图3-4　瑞阳小区1套出售房源录入

2.5 必备业务知识

1. 房源与房屋

（1）房源是指在房地产经纪业务中，房屋权利人委托房地产经纪机构交易的房屋。房源是房产中介公司的经济命脉，一家公司如果拥有丰富的优质房源，那么，房客源的匹配成功率是相当高的，自然业绩也是不俗的。

（2）房屋要成为房源，必须具备下列两个条件：

1）该房屋应是依法能够在市场上交易的房屋。对买卖经纪业务来说，能够依法交易的房屋才能成为房源。不能交易的房屋不能成为房源。

2）房屋权利人有出售的意愿，并采取了出售委托行动。房屋权利人有出售意愿的标志是，房屋权利人与房地产经纪机构签署了房屋出售委托协议书或者有微信、短信等委托出售的证据。

2. 房源信息

（1）房源信息，是指与卖方和交易房源有关的信息。

（2）房源信息的要素

1）基本要素——业主资料、物业状况、放盘要求等。房源信息的基本要素中，除房产的位置、产权证书、面积、用途、性质及装修等房屋状况外，还包括业主（或委托人）的姓名和电话以及通信地址等、是否有他项权利的设定和物业管理等情况、业主（或委托人）提出所定的租、售价格及税费支付办法等。

2）常用查询要素——物业名称、物业地址（或物业所处行政区域）、面积、户型、出售或出租价格以及是否有电梯等。

3）房源信息处理的发展过程：纸张载体→计算机→计算机联机系统→网络大数据。

（3）房源信息范围。不仅包括房源的优势信息，如挂牌价合理、业主签约方便、交通方便、楼层好、户型好、环境好、物业管理好等，还应包括房源的劣势信息，如附近有垃圾站、房屋年龄老、交易税费复杂等。

3. 房源信息内涵

为了更加清晰地说明房源信息的内容，可将房源信息细分为房源区位信息、房源实物信息、房源权益信息、房源交易条件信息四个部分。

（1）房源区位信息，包括：坐落位置、所在楼层与总楼层、停车方便程度、物业管理情况、出入可利用的交通工具、周边教育设施、周边医疗设施、周边生活设施、周边娱乐设施、周边环境和景观等。

（2）房源实物信息，包括：建筑面积、套内建筑面积、套内使用面积、建筑类型、建筑结构、户型布局、朝向、装修装饰情况、日照、通风、供暖情况、梯户比、层高和室内净高、建成年代和设计使用年限等。

（3）房源权益信息。包括：所占土地使用年限、所有权归属情况、用途、共有情况、出租或占用情况、抵押权设立、所有权是否不明确或归属有争议、是否被依法查封等。

（4）房源交易条件信息。包括：挂牌价格、挂牌时间、挂牌价格变动记录、看房方便程度、定金数额要求、首付款数额及支付时间要求、房屋权属转移登记时间要求、房屋交付时间要求、户口是否迁出及迁出时间、上次交易时间、交易税费数额、交易税费承担方式、付款方式等。

2.6　必备业务要领

1. 练好社区房源获取基本功

（1）社区驻守。在每家连锁店的商圈里，都有几个重点小区，对于这些小区，可以跟物业接洽，每星期双休日定期在小区中做宣传活动，发传单送礼品等；还可以在小区中张贴海报等；还有疏通保安和物业，如和保安聊天，拉家常……尽量表示对他们工作的配合等方式。

（2）同社区"阿姨们"聊天。小区阿姨们对于小区的了解可比你要熟悉的多，可以和她们拉家常，时常聊天向他们打听房源的信息。

2. 练好获取房源基本功

（1）浏览专业网站。网络也是获取房源的主要途径，经纪人每天都会去各大房产网站，像是58、赶集、搜房网等二手房信息网站，找到一些业主发布的房源，但是这样并不能做到及时性，有时候还会有遗漏，并且你也不能保证每时每刻都坐在电脑前。并且一条房源还会受到同行们的"争抢"。

（2）走访社区。没事的时候到周围小区里去转一转，不但能够熟悉小区的环境，还能有不错的收获，会看到一些小贴士广告，或许能够从上面获取一些房源信息。

2.7　任务拓展

线上搜集房源势不可挡，线上工具丰富多彩：

（1）建立专属网络营销平台。互联网时代，公司如果有一个专属的门户网站，这对品牌形象塑造和美誉度是有很大帮助的，对公司的长久发展也是起着重要作用。公司可以建立专属的网络营销平台，如果有业主想买房，不用去跑几个门店登记，在家里就可以通过公司的官方网站来委托房源信息。

（2）开发移动终端客户。现在人的生活可谓是离不开手机，走路、逛街、坐公交车、在餐厅等，人们都喜欢刷朋友圈，如果中介公司把业务搬到微信上来，可谓事半功倍。如贝壳找房APP、贝壳找房公众号等。

（3）社区论坛。在论坛上，在地方性房产网站的一些论坛、贴吧上面，也会有人发布房源，可以联系他们获得代理权。

（4）社交媒体。可以加些地方性的QQ、微信的房源信息的群，找到自己想要的信息，可以主动联系，确定合作关系。不过这种方式效果甚微，新手可以去尝试。

（5）人际关系朋友圈。每个人都有自己的人脉圈，可以在微信朋友圈发布自己的动态，让亲朋好友都了解到自己的工作性质，这样以后他们有买房或者卖房需求的时候，或许会想到你。

任务3 房源实勘查验与拍摄

3.1 任务情景

孙××按照师傅传授的房源拓展方法搜索房源，很快就在瑞阳小区找到一套出售房源，并顺利在线上录入系统里，很有成就感。他正美滋滋想着卖出这套房子拿佣金时，王××告诉他这套房子能不能卖还不一定，还需要实勘查验。孙××很好奇，于是就催着师傅进行"房源实勘查验与拍摄"，继续向瑞阳小区出发。

3.2 任务分析

房源实勘查验与拍摄任务内容主要有5项：
（1）实勘查验房源物理属性；
（2）实勘查验房源法律属性；
（3）实勘查验房源心理属性；
（4）房源实勘查验信息整理；
（5）拍摄房源内外景。

3.3 任务流程

房源实勘查验与拍摄任务流程有6个步骤：
（1）工作准备；
（2）实勘查验房源物理属性；
（3）实勘查验房源法律属性；

（4）实勘查验房源心理属性；

（5）拍摄房源内外景；

（6）房源实勘查验信息整理和拍摄的图片整理。

3.4 任务实施

1. 工作准备

（1）业主准备。与业主预约上门时间，提供身份证、房屋产权证等。

（2）物料工具。记录本和笔，简单的验房工具，如：

1）锤子，用来检查墙体、顶棚、地面是否空鼓。

2）卷尺，可用来测量顶梁、窗框、卫生间高差、层高和房屋面积是否与权证一致。

3）电笔，用来检测房内电路是否畅通。

4）水桶，用来检测卫生间防水质量是否过关，以及卫生间与厨房的下水是否堵塞不畅。

5）手电筒，用来勘察房屋主体结构，看墙壁是否平直。

6）打火机，检测排气通道是否通畅。

2. 实勘查验房源物理属性

（1）查看房屋区位状况

1）查看房屋区位附加价值。这里主要说的是学区，相邻的 A/B 两个小区，A 是区域内某所小学的学区房，但并不代表 B 小区的房子也是。有时候同样是 A 小区的房子，楼栋不同，学区也会不同，因此如果是买学区房的，一定要询问清楚，所看的房子有无学区，以及入学条件。

2）观察区位环境和景观。居住环境和景观的好坏是一个不容忽视的问题。要查看小区的绿地覆盖率和休闲景观；考察楼房之间的间距，容积率和建筑密度；细心观察小区四周污染情况，如尽量远离工厂、马路、大商场、大酒楼等。

3）注意晚上的情形。入夜看房能考察小区物业管理是否重视安全、有无定时巡逻，安全防范措施是否周全，有无摊贩等产生的噪声干扰等。这些情况在白天我们是无法看到的，只有在晚上才能得到最确切的信息。

（2）查看房屋实物状况

1）查看户型是否方正。判断户型是否方正，有 5 条标准：①各个房间和功能区域的形状是方正的矩形；②面宽大进深小；③没有暗间；④房间大小适中；⑤在房间里活动的人，行动不会互相干扰。

2）查看房屋采光。对于采光，一是看各房间是否为全明格局，即每个房间是否有窗；二是看阳光照射时间。房屋所在的单元楼层位置不同，则采光不同，甚至差别很大，如果窗前有遮挡，则采光会很差。

3）查看电梯质量。许多塔楼和小高层的旧楼房，电梯的质量堪忧，已越来越不容忽视，故障和事故时有发生。要仔细察看该楼盘所用电梯的品牌资质，是否有国家颁发的合格证书等。

4）查看装修与渗水。要查看墙面是否渗水、脱落等，尤其查看房顶是否有漏水。看完客厅的地板、浴厕的瓷砖、厨房外，还要看看灯饰的路线，看一下顶棚是否有水渍，或是漆色不均匀现象。如果有，表示可能存在漏水问题。如果可能，带上螺丝刀，卸下灯具，打上手电筒，看一下吊顶里屋子四角是否有油漆脱落、漏水等问题。

5）查看堵塞与漏雨。房屋为一层，要查看下水是否畅通，有没有异味；若是顶层，要查看是否有漏雨的痕迹。

（3）查看房屋物业服务状况

1）查看物业管理的质量。有电梯的楼还需要乘坐电梯，留意电梯是否有老化运行问题，有小孩的小区里人车是否分流等。要从小区保安说话、走路、站姿等方面看出这个小区的物业属于好中差哪一类。

2）观察雨后情形。下雨的时候去周围查看一下，确认小区的排水系统如何，能否有效预防小区下雨内涝。

3）查看居住人群的素质问题。查看小区楼栋墙上、楼梯、电梯间是否有乱刻乱画小广告。

3. 实勘查验房源法律属性

（1）房屋产权核验和债务查验。房源法律属性包括所占土地使用年限、所有权归属情况、用途、共有情况、出租或占用情况、抵押权设立、所有权是否不明确或归属有争议、是否被依法查封等。查验方法：

1）核查房主提供的证件；

2）前往当地的房管局申请办理房屋产权核验手续，分析房产管理部门查验的房产产权的来源和产权记录，查验房屋是否有债务负担。

（2）识别可交易的房屋

1）识别住宅和非住宅。识别办法：①查看房屋所有权证或不动产权证书；②查看原始购房合同；③到不动产登记中心查询房屋档案。如公寓是住宅还是非住宅，可以查看土地使用年限，土地使用年限是70年的，一般是住宅，土地使用年限是40年或50年的，一般是非住宅，即商业或办公用房。

2）识别房屋性质。房屋可能是商品房、已购公房、经济适用住房、按照经济适用住房管理的房屋等。识别办法：①查看房屋所有权证或不动产权证书；②查看原始购房合同；③到不动产登记中心查询房屋档案。

3）识别房屋土地是出让还是划拨。识别办法：①查看房屋所有权证或不动产权证书；②不动产权证书记载不清晰的，到不动产登记中心查询房屋档案。

在"房屋所有权证"上，有"房屋性质""规划用途""土地使用权取得方式"等栏目，房屋性质主要记载的内容主要有：商品房、已购公有住房、经济适用住房、按照经济适用住房管理的房屋、限价商品住房等。规划用途主要记载住宅、办公、商业、工业、别墅、公寓等。土地使用权取得方式主要记载出让、划拨等。

在"不动产权证书"上，有"权利性质""用途""土地使用权取得方式"等栏目，不动产权证书上的权利性质、用途主要记载的内容与房屋所有权证对应的房屋性质、规划用途相同。

（3）识别禁止交易的房屋

1）交易房屋为违章建筑的（行政查封）；

2）交易房屋为公有住房（承租房、公租房、廉租房）；

3）交易房屋为集体产权房（乡产、军产、校产房）；

4）交易房屋签约前被查封；

5）经济适用住房不满5年；

6）交易房屋涉及诉讼，判决书未下发，法院未出具判决生效书；

7）买卖双方约定不办理权属转移登记，全程采用委托公证方式办理各项房屋买卖手续；

8）动迁安置房消费者个人的房屋产权证书（小产证）不满3年的，或房地产开发商的房地产权证（大产证）和动迁协议均不满3年。

4. 实勘查验房源心理属性

实勘查验房源心理属性就是通过与房主沟通交流，了解房主出售（租）原因、售价（租金）要求以及急迫度等内心想法。

（1）了解房源出售（租）原因。出售的原因多半是希望卖出持有的房产，收回房产投资，或者用于换购另外的房子；出租的原因多半是希望租出持有的房产，获得稳定的收益。

（2）了解房源售价（租金）要求。急于交易，售价（租金）要求一般不高；不急于交易，售价（租金）要求一般较高。

（3）了解房源出售（租）急迫度。立即交易为很急，没有时间要求为不急。

5. 拍摄房源内外景

通过实勘查验获取房屋信息分析无误后，为房源拍照。需要有较高的拍摄技术，一般是经纪人事先约定专门的拍摄人员进行房源内外景拍摄。拍出高质量实勘照片的方法：

（1）选用高质量专业摄影器材。

（2）画面内容。凸显房屋户型、结构、卖点。

（3）图片设置。清晰、色彩明亮。

6. 房源实勘查验信息整理和拍摄的图片整理

（1）房源实勘查验信息整理。通过分类、加工，形成房源的表、图和文字，便于房源发布和推广。

（2）拍摄的房源图片整理。通过分类、加工，优选可用的房源图片，便于房源发布和推广。

3.5 必备业务知识

1. 房源实勘查验

根据房主的陈述和提供的资料，需要到现场进行房屋调查，即物业勘察。房屋实勘查验的内容：

（1）房屋的权属。权属来源，如继承、购买、受赠、交换、自建、翻建、征用、收购、调拨等，房屋权属界线示意图，房屋权属登记情况。

（2）位置，包括房屋的坐落、所在层数。

（3）数量，包括建筑占地面积、建筑面积、使用面积、共有面积、产权面积、总建筑面积、套内建筑面积等。

（4）质量，包括层数、建筑结构、建成年份。

（5）利用现状，指房屋现在的使用状况。

2. 可正常交易的房屋

（1）商品房，包括商品住房、商品商业用房、商品办公用房，是指通过出让方式取得土地使用权后开发建设的以市场价出售的房屋。

（2）已购公房，指按照国家房改政策，单位职工按成本价、标准价或优惠价购买的原产权属于单位的公有住房。

（3）经济适用住房，是指已经列入国家计划，由城市政府组织房地产开发企业或者集资建房单位建造，以微利价向城镇中低收入家庭出售的住房。一般情况下，签订购买合同的经济适用房家庭取得契税完税凭证或房屋所有权证满五年后上市出售，需购房人家庭在户口所在地住宅保障办公室开具放弃优先回购的相关证明。

（4）按照经济适用住房管理的房屋，包括具有回迁性质或康居、安居性质的房屋。

（5）动迁安置房，是指因城市规划、土地开发等原因进行拆迁，而安置给被拆迁人或承租人居住、使用的房屋。

（6）旧式里弄。旧式里弄总体布置上采用欧洲联排式格局，单体平面及结构脱胎于江南传统民居三合院、四合院的住宅形式，大多为砖木结构的2层楼房。通常将石库门里弄住宅、广式里弄住宅以及被纳入里弄构成的老宅基住宅和联列式平房，统称为旧式里弄。

（7）新式里弄。新式里弄住宅一般为行列式布局，总弄宽度6m左右，支弄在宽度3.5m以上，改变了石库门住宅的前天井布局，代之为$2\sim5m^2$水泥地坪的小庭院。新式里弄住宅多数为3层，少数为2层，住房内配置了卫生间，备有盥洗、沐浴等设备。

旧式里弄和新式里弄上市交易可能存在需要补缴土地出让金的情况，这一类住房出售之前应向住房所在地的规划和自然资源局确认是否需要补缴土地出让金。

3.6　必备业务要领

1. 识别会被查封的房屋

（1）诉前保全的房屋。诉前财产保全属于应急性的保全措施，目的是保护利害关系人不致遭受无法弥补的损失。

（2）产权不明导致的纠纷。即房屋权利人不清晰或者有多个权利人互相之间产生纠纷。

（3）交易房屋为一房多卖。即出卖人先后或同时以多个买卖合同，将同一特定的房屋出卖给不同的买受人。

（4）交易房屋存在高额抵押。如房主急需用钱，将自己的房子抵押变现，而高额抵押在资不抵债的情况下，房子会被查封。

（5）权利人涉及债务纠纷较多。

（6）权利人涉及恶意转移、变卖房地产。

（7）交易过程中，权利人有违法行为。

（8）在执行案件中，权利人暂无履行能力或无其他可供执行财产的。

2. 搞清楚房屋产权

（1）有房屋未必就有产权。单位自建的房屋、农村宅基地上建造的房屋、社区或项目配套用房、未经规划或报建批准的房屋等，都有可能不是完全产权，容易导致成交困难。

（2）有房地产证未必就有产权。房地产证丢失补办后发生过转让的情形，原房地产证显然没有产权。有房地产证而遭遇查封甚至强制拍卖的情形，原房地产证也就没有产权了。当然还有伪造房地产证的情形。

（3）产权是否登记。预售商品房未登记、抵押商品房未登记是比较常见的情形，仅凭购买合同或抵押合同是不能完全界定产权归属的。

（4）产权是否完整。已抵押的房屋未解除抵押前，业主不得擅自处置。公房上市也需要补交地价或其他款项，符合已购公有住房上市出售条件，才能出售。

（5）产权有无纠纷。在拍卖市场的房屋可能存在纠纷，这是因为债务人有逃避债务导致的。涉及婚姻或财产继承的情况也会让产权转移变得复杂。租赁业务中比较多的情形是，依法确定为拆迁范围内的房屋被产权人出租。

这些问题必须搞清楚，产权不清晰的，根本没法成交。

3.7 任务拓展

1. 实勘后的房源销售建议

（1）报价建议。分析房子优劣势、分析市场行情、分析业主情况给出建议。

（2）服务建议，包括钥匙服务、集中空看商议、业主讲房邀请。

（3）看房时间建议。商议固定看房时间，方便客户看房；最佳带看时间，呈现最美房屋。

（4）客户选择建议。找准目标客户。

（5）美化建议。物品摆放设计、添加小装饰、更新与整理。

2. 把握和利用房源信息中的核心要素——交易条件

房地产经纪行业的本质是匹配交易双方的信息。对于高度分散化、本地化和非标准化的房屋供给与高度差异化、个性化的买方需求，快速实现卖方与买方的信息匹配是房地产经纪业务面临的首要难题。

在房源信息的三个组成部分中，区位信息、实物信息和权益信息，通过实地看房和查看不动产权证书，则能够快速得知和掌握。但对于房源交易条件信息，因为卖方要求随时可变、买方情况差异大、交易情况差异大等特点，处于随时可变的状态之中，加大了卖方与买方的匹配难度。

因此，为了促进成交，提高服务品质，经纪服务人员要花更多精力关注房源交易条件信息。

对于经纪公司来说，除了实现房源区位信息、实物信息和权益信息的共享，更关键的是实现房源交易条件信息的共享。房源交易条件信息，能否在所有经纪人中实现快速共享，是衡量一个经纪公司或者一个经纪平台是否具有竞争力的重要标志之一。

任务4　房源委托与线上发布

4.1　任务情景

孙××马不停蹄跟师傅忙完"房源实勘查验与拍摄"，大长见识，不禁感慨万千，房源的名堂真多，难怪大家买卖房屋要找房地产经纪服务专业人员。师傅在公司预约的房源拍摄师傅的水平也很了得，连普通的房间、狭小的卫生间也拍得宽敞明亮，普通手机很难拍出这种专业效果来。幸运得很，孙××录入的那套李××的房源通过了王××的实勘查验。要想卖出李××的房屋，还需要进入"房源委托与线上发布"环节。孙××充满激情，继续跟着师傅去实施"房源委托与线上发布"任务。

4.2　任务分析

房源委托与线上发布任务内容主要有3项：

（1）签订房源出售（租）委托书；

（2）上传委托书；

（3）线上发布房源信息。

4.3　任务流程

房源委托与线上发布任务流程有4个步骤：

（1）工作准备；

（2）签订房源出售（租）委托书；

（3）上传委托书；

（4）线上发布房源信息。

4.4　任务实施

1.工作准备

（1）准备实勘查验无误的意向出售（租）房源。

（2）预约房主。准备房屋权属证书、委托人的身份证明等。

（3）准备委托书等资料。

2. 签订房源出售（租）委托书

（1）房屋查验。前面环节已经完成。为了验证房源是否为夫妻共有，经纪人还应查看卖方的婚姻证明。对于非房屋权利人签署出售委托协议，经纪人需要第一时间联系房屋权利人，核实签署委托协议人的真实身份，要求房屋权利人对委托出售行为进行追认，也就是由房屋权利人签署授权委托书。

（2）商谈委托形式和具体内容

1）委托形式有独家代理和非独家代理两种形式。独家代理，房主对经纪机构的要求较高，要求靠谱而且快速出售（租），甚至有的要求在约定时间内不能达成交易则赔偿一定租金损失。

2）委托具体内容，包括委托时间、委托售价、交易佣金等内容。

（3）签订房源出售（租）委托书。经纪人接受放盘委托时，应与业主签署书面委任协议，并明确经纪服务条件及佣金标准。委托关系确立可避免以后纠纷，具有推广资格。房源出售（租）委托书有线上签订和线下签订两种形式。

房地产经纪买卖、租赁委托合同范本

委托人（甲方）：＿＿＿＿＿＿

经纪人（丙方）：＿＿＿＿＿＿

根据《中华人民共和国民法典》合同编和《中华人民共和国城市房地产管理法》及相关法律法规规定，经甲、丙双方协商一致，就房地产交易经纪事宜订立本合同，以资共同遵守。

第一条　甲方委托丙方为坐落在：＿＿＿市＿＿＿区＿＿＿号＿＿＿＿幢＿＿＿室＿＿＿＿＿的［房地产转让］［房屋租赁］提供以下服务：

（一）提供信息发布；

（二）充当订约介绍人；

（三）协助、指导订立［房地产转让］［房屋租赁］合同；

（四）协助办理房地产交易手续；

（五）协助办理其他手续：户口转移，水表过户，电表过户，煤气过户＿＿＿＿＿＿。

第二条　委托期限从 ＿＿＿＿ 年 ＿＿＿＿＿ 月 ＿＿＿ 日至 ＿＿＿＿ 年 ＿＿＿＿＿ 月 ＿＿＿＿＿ 日止。

第三条　甲方委托的详细情况。

（一）产权人姓名：＿＿＿＿＿＿＿，建筑面积：＿＿＿＿＿＿＿m^2，建成年份：＿＿＿＿＿＿ 年，层数：＿＿＿＿＿＿＿ 层，房屋结构：＿＿＿＿＿＿＿，房屋权属证号：＿＿＿＿＿＿＿，土地所有权为：[国有][集体所有]；

（二）室内装修情况：＿＿＿＿＿＿＿；

（三）室内家具物品情况：＿＿＿＿＿＿＿；

（四）水、电、煤气、供热、有线电视、固定电话等情况：＿＿＿＿＿＿＿；

（五）拟 [房地产转让][房屋租赁] 的价格：＿＿＿＿＿＿ 元 /m^2；

（六）经交易双方确认 [房地产转让][房屋租赁] 的价格 [＿＿＿＿＿＿ 元][＿＿＿＿＿＿ 元 / 年]。

第四条　甲、丙双方的权利义务。

（一）甲方提供 [房地产转让][房屋租赁] 的信息应真实、合法、准确。

（二）甲方应于本合同签订后 ＿＿＿＿＿＿＿ 日内向丙方提交下列资料的复印件：

1. 产权人身份证

2. 房屋权属证书

3. 土地使用权证

（三）甲方应配合丙方到相关部门查验有关资料和到现场勘察房地产现状，并告知房屋有无漏水、管道不通等瑕疵和房地产是否已经抵押、房屋是否已经租赁等情况。

（四）甲方应配合丙方签订合同及到相关管理部门办理相关手续。

（五）丙方（房地产经纪人）在从事房地产经纪活动时，应出示房地产经纪人《执业证书》和《企业法人营业执照》。

（六）丙方对甲方提交的文件资料应出具收件清单。不得泄露委托人的商业秘密。

（七）丙方应对甲方提供的信息到现场勘察和相关部门进行查验。

（八）丙方应按照甲方的委托，发布房地产信息。

（九）丙方应配合甲方签订合同。

（十）丙方应配合甲方到相关部门办理相关手续。

（十一）丙方在完成甲方委托事项后，按照物价部门核定的收费标准向甲方收取中介服务手续费 ＿＿＿＿＿＿＿ 元。不再收取其他费用。

第五条 甲、丙双方的违约责任。

（一）本合同第四条（一）～（四）项，甲方应按约定做到，特殊情况应在
_____ 日内告知丙方，取得丙方书面同意，否则导致房地产无法正常交易，甲方
应向丙方支付违约金 _____ 元。

（二）本合同第四条（五）～（十）项，丙方应按约定做到，特殊情况应在
_____ 日内告知甲方，并取得甲方书面同意，否则导致房地产无法正常交易，丙
方应向甲方支付违约金 _____ 元。

单方解除本合同，由违约方支付违约金 _____ 元。

第六条 合同纠纷的解决方式。

本合同在履行过程中发生的争议，由双方当事人协商解决；也可由房地产管理部
门或工商行政管理部门调解。协商不成或调解不成的，按下列方式解决：

1. 依法向本市仲裁委员会申请仲裁；

2. 依法向人民法院起诉。

第七条 本合同未尽事宜可另行约定。

第八条 本合同一式两份，甲、丙双方各执一份。

第九条 本合同自甲、丙双方签订之日起生效。

委托方（甲方）签章：_____ 　　　　经纪人（丙方）签章：_____

证件名称：_____ 　　　　　　　　　经纪人签字：_____

证件号码：_____ 　　　　　　　　　执业证号码：_____

联系电话：_____ 　　　　　　　　　联系电话：_____

代理人签字：_____

证件名称：_____

证件号码：_____

联系电话：_____

共有人签字：_____

签订时间：_____ 年 ____ 月 ____ 日

3. 上传委托书

签订房源出售（租）委托书后，要上传到公司业务管理系统，作为房源发布的重
要凭据。

（1）线上签订的房源出售（租）委托书，可以直接提交到业务管理系统里。

（2）线下签订的房源出售（租）委托书，需要拍照提交到业务管理系统里。

4.线上发布房源信息

上传过委托书的出售（租）房源就可以线上发布了。

（1）房源发布信息加工美化。要求欲发布的房源信息完整、语言简练、卖点突出、图片清晰，能够吸引购（租）房者眼球，并打动购（租）房者交易。

（2）线上发布

1）网站发布，就是在公司官方网站上发布房源出售（租）信息。为了扩大宣传效果，还可以在别的有影响力的网站发布房源出售（租）信息，如安居客、58同城、365等门户网站。

2）APP发布，就是在公司官方APP上发布房源出售（租）信息，如贝壳APP。贝壳APP可以速度最快地采集与推送房源。

3）公众号发布，就是在公司官方公众号上发布。

案例：链家公司利用 APP 线上委托

房主在链家APP首页—我是房主—"管理委托"上操作，委托房源出售（租），如图 3-5 所示。

图 3-5 链家 APP 业主端房主委托房源出售（租）

案例：经纪人在贝壳找房平台上发布房源

房源发布标题：房龄新 配套设施齐全 交通便利 人文素质高 385 万

楼盘名称：瑞阳街 1 号小区

楼盘地址：瑞阳街 1 号，地理位置如图 3-6 所示。

房源户型：2 室 1 厅 1 厨 1 卫，如图 3-7 所示。

建筑面积：106.38m^2

使用面积：82m^2

图 3-6 房源所在楼盘位置

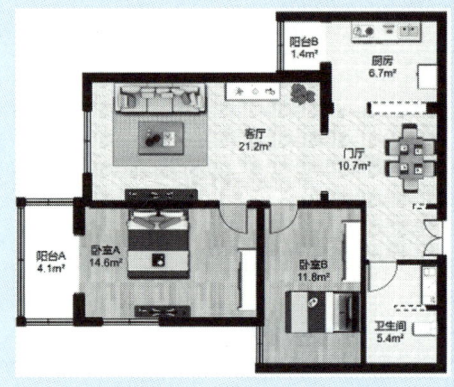

图 3-7 房源套型与内部装修现状

房源年代：2000 年

房源朝向：西南

房源楼层：高楼层（共 7 层）

房源结构：平层

房源装修：精装修，如图 3-7 所示。

住宅类别：普通住宅

产权性质：个人产权

配套设施：天然气，暖气，车位／车库，储藏室／地下室，露台

交通状况：公交有 8 条公交线路经过

小区简介：瑞阳街1号小区秦淮区瑞金路，该区域生活配套设施、交通系统齐全，拥有明故宫、明御河风光带，区位优势显著。此外，小区附近有幼儿园、小学、中学。

所属区域：秦淮 瑞金路

建筑类别：板式

容积率：1.52

绿化率：48%

物业费：0.95 元 $/m^2$·月

楼栋总数：6 幢

总户数：250 户

停车位：1:1

4.5 必备业务知识

房源独家代理：

（1）独家代理，是指代理人在协议规定的地区和期限内，对指定商品享有专营权，即委托人不得在规定范围内自行或通过其他代理人进行销售。对委托人来说，在该地区内不得再委派第二个代理人。

（2）房源独家代理，是指房主欲出售房源，仅委托一家经纪公司单独出售，不再委派第二个经纪公司代理，一般会与经纪公司签订限时独家协议，注明责任和义务。

但是，对于房主来说，如果急于出售房主，可以把出售房源多家报盘，提高出售成功率。

4.6 必备业务要领

1. 接收房源要点

（1）礼貌接待，收集物业资料。收到业主的电话、传真或当面委托售卖或出租其物业，经纪人员应根据拟定好的物业资料表格，尽力向业主收集物业资料，包括如下事项：物业名称、地址；业主姓名；建筑特点；法定用途；使用现状、使用年期；间隔布局；管理费；有无损毁；附送设备。上述资料可通过向业主问询了解或直接索取房地产证等权利文件，并及时填妥资料表格让业主签名确认。

（2）明确委托关系。经纪人接受放盘委托时，应与业主签署书面委任协议或以物业资料表格向业主索取其委托的书面确认，并明确经纪服务条件及佣金标准。委托关系确立可避免以后纠纷，具有房屋推广资格。

（3）提供个案资料。当业主向经纪人征询售价或租金建议时，经纪人应提供近期可比案例或其他放盘资料供顾客参考。但不可声称自己是专业估价师，应尊重顾客自行决定物业叫价或征询专业估价师意见。

2. 房源出售委托办理

依据《房地产经纪管理办法》，房地产经纪机构与委托人签订房屋出售经纪服务合同，应当查看委托出售的房屋及房屋权属证书，委托人的身份证明等资料。

因此，在卖方委托出售房源时，经纪人应查看卖方的身份证明、出售房源的权属证书，并由卖方与房地产经纪公司签署房源委托出售协议。为了验证房源是否为夫妻共有，经纪人还应查看卖方的婚姻证明。

对于非房屋权利人签署出售委托协议，经纪人需要第一时间联系房屋权利人，核实签署委托协议人的真实身份，要求房屋权利人对委托出售行为进行追认，也就是由房屋权利人签署出售委托书。

4.7 任务拓展

发布房源常用房源标题短词：

南北通透、次新小区；

黄金地段、楼层好、采光很棒、性价比高、成熟小区、视野开阔、闹中取静、双南户型；

房东急卖、品质小区、经典温馨、稀有好房、得房率高、园林住宅高级享受、购物方便、格局方正、户型整齐；

成熟地段、高档国际社区、经典单身公寓、经典二、三房、名宅新境界；

出行便利、房型佳、醇熟配套；

唯美品质、三房朝南、大客厅、飘窗阳台、风景宜人；

精致两房、实用高效、客厅主卧朝南、阳光南北通透、动静分离得宜；

多重阳台飘窗、拓展室内空间、经典精致三房、布局科学、户型各区功能明晰、实用高效。

任务5　房源市场推广

5.1 任务情景

孙××在师傅王××的指导下很快完成了李××的那套房源委托与线上发布。师傅告诉他，好事多磨，要想卖出李××的房屋，还需要进入"房源市场推广"环节。

"房源市场推广"是"工作领域 3 房源信息搜集与市场推广"的最后一个任务。孙 ×× 表示很有信心完成这一新任务。

5.2 任务分析

房源市场推广任务内容主要有 2 项：

（1）房源线上推广；

（2）房源线下推广。

5.3 任务流程

房源市场推广任务流程有 4 个步骤：

（1）工作准备；

（2）线上推广；

（3）线下推广；

（4）推广效果评价与改进。

5.4 任务实施

1. 工作准备

（1）房源准备。准备一些已经发布的待推广的房源。

（2）线上线下推广渠道准备。准备一些房源推广渠道。

2. 线上推广

（1）网站推广。网站除了用于发布房源外，更重要的是推广房源。网站可以由企业自己创建，也可以与门户网站合作。为了扩大宣传效果，可以合作在别的有影响力的网站发布推广房源出售（租）信息。

1）构建推广网站，包括：网站结构、视觉风格、网站栏目、页面布局、网站功能、关键字策划、网站 SEO、设计与开发。构建推广网站是专业性很强的工作，需要专业人员来做，经纪服务人员配合好网站技术人员开发，知道怎么推广房源就可以了。房源推广首页是关键：

①首页设计应简洁有力。首页是用户访问网站最多，搜索引擎收录页面的入口。要为后期的 SEO 推广优化提供良好的基础，设计之初就应当在首页设计上下足功夫。网页设计师应当从内容布局入手，采取符合用户体验的交互设计方法，并尽可能地去掉对搜索引擎不友好的设计元素：Flash，视频，过多的图片嵌入等。

②网站地图应条理清晰。便于查找房源位置及其周边环境。

③图片设计应注重质量。房源图片够用就好，不是多多益善，滥竽充数。

2）规划房源传播内容，包括：房源标题、品牌形象、销售概念、销售文案、新闻资讯等。房源标题尤其重要：

①标题描述撰写规范。准确规范，主题明确；简明精练，言简意赅；突出与关键词的相关性；突出实效性；强调所提供的房源和经纪服务的优势、独特性、专业型。

②标题优化。"题好文一半，题高文则深。"读标题的人约是读正文的 5 倍，标题好比商品价码标签，要用标题向消费者打招呼，并以此抓住消费者的目光。

③扩大标题的信息量，加大房源的浏览访问量。

（2）APP 房源推广，就是在公司官方 APP 上发布房源出售（租）信息后，立即进行房源推广。

案例：贝壳找房 APP 房源推广

首页有新上房源栏目，进入该栏目，可以搜索到已经发布的房源所在小区。

进入该小区，就可以看到已经发布房源的推广展示，如图 3-8 所示。推广标题"房龄新　配套设施齐全　交通便利　人文素质高　385 万"非常醒目，吸引眼球。

图 3-8　贝壳找房 APP 房源推广

（3）整合传播推广。整合的传播方式包括：SEO 排名优化、博客营销、微博营销、论坛营销、微信营销、知识营销、口碑营销、新闻软文营销、视频营销、事件营销、公关活动等传播方式。微信公众号朋友圈房源推广是最常用的推广方法。

3. 房源线下推广

（1）广告推广。除互联网线上广告外，还有电台广告、电视广告、纸媒广告、户外媒体广告等。

（2）门店推广。当有客户上门时，一定要热情主动地去迎接客户，客户不是来登记房源的，就是有买房意向的，抓住时机推荐房源。

（3）活动推广。组织或参加社区、街道、协会等的各类活动时，顺便推广已经受托的房源。

（4）在搜集新房源时顺便推广已经受托的房源。在社区搜集新房源时，在人流密集地（如地铁口、商场门口）搜集新房源时，都可以顺便展示已经受托的房源广告单。

4. 推广效果评价与改进

（1）推广效果评价。可以通过监控运营数据评价房源推广效果，包括：网站排名监控、传播数据分析、网站访问数量统计分析、访问人群分析、咨询统计分析、网页浏览深度统计分析、热门关键字访问统计分析。最终极的效果评价就是看房源交易量的增长率。

（2）推广改进。根据推广效果评价情况调整改进推广策略，包括：拓展渠道空间、调整广告媒体、更新房源推广内容、挖掘线上传播潜能等。

5.5　必备业务知识

1. 线上推广

线上推广也是网络推广，就是通过各种互联网手段进行产品服务宣传推广活动，提高品牌的曝光度和知名度，提升交易量，从而使公司受益。

网络推广营销是以现代营销理论为基础，借助网络、通信以及数字媒体技术等实现营销目标的商务活动，是建立在互联网的基础之上，借助于互联网特性来实现一定营销目标的营销手段。"网络"只是载体，"营销"才是核心。

2. 微营销

微营销是指利用微信、微博、微视频、二维码等新兴社会化媒体影响其受众，通过在微介质上进行信息的快速传播、分享、反馈、互动，从而实现市场调研、产品推广、客户关系管理、品牌传播、危机公关等功能的营销行为。微营销以移动互联网为主要沟通平台，配合传统网络媒体和大众媒体，通过有策略、可管理、持续性的线上线下沟通，建立和转化、强化顾客关系，实现客户价值的一系列过程。微营销已经成为是房地产经纪服务机构广为利用的一个有效手段。

5.6　必备业务要领

门店广告推广包括：

（1）店面广告，简称POP，是指设在门店周围、入口及内部的广告。

（2）门店广告形式。门店招牌、门店装潢、橱窗设计、门店装饰等都属于店面广告的具体形式。因设置空间的不同又分为室内店面广告和室外店面广告。店面广告的形式大致有：立地式、悬挂式、壁面式、吊旗式、橱窗式、贴纸式、彩色灯箱广告及文字广告等。

（3）门店广告推广。不管哪种形式，在主题上要突出的是经纪机构的企业形象，清晰地标示出服务电话、服务内容、楼盘展示牌和房源资讯广告，这样更便于吸引客户。

（4）合法推广。任何广告推广，都应事先掌握全国及当地法律法规，尤其是了解当地发布广告的相关规定。

5.7 任务拓展

门店形象是门店推广的基础。

推广涵盖了房地产经纪机构的形象宣传和广告宣传等多方面的事物，在居间业务经营的成本中所占的比重较大，其中形象宣传是基础。基础不好，即门店形象不好，客户不上门，是很难做出业务的。门店形象就是经纪机构的形象，经纪机构必须塑造企业良好社会形象。形象塑造是一套综合的系统，将企业无形与有形、外在与内在的形象魅力，全方位地展现给客户。有效的形象塑造，有助于增强竞争力，有助于吸引人才、吸引客户。形象塑造必须做好3个方面的工作：

（1）树立企业精神。企业精神是经纪机构企业文化的核心要素，它包括企业价值观、敬业精神、企业道德、企业作风等。企业精神确立之后，要通过培训、教育的手段告知员工，作为员工的行为规范。

（2）营造经营理念，包括经营信条，经营哲学、经营方针和策略等内容。要把创造卓越的服务品质作为自己的经营信条。开展多店铺发展时，经营理念的统一和执行，对塑造和维护企业形象至关重要。

（3）建立 CIS，即企业识别系统，将企业的经营活动、经营理念、企业精神通过媒体宣传来增进社会认同。

5.8 综合实训

1. 实训名称

门店房源信息搜集与市场推广。

2. 实训内容

演练 1　商圈跑盘与房源空看；

演练 2　房源信息搜集与线上录入；

演练 3　房源实勘查验与拍摄；

演练 4　房源委托与线上发布；

演练 5　房源市场推广。

3. 实训作业文件

门店房源信息搜集与市场推广总结报告。

 小结

　　房源信息搜集与市场推广工作领域主要有五个工作任务。"任务1　商圈跑盘与房源空看"的任务是周边大型配套信息采集、手绘商圈图和楼盘平面图、采集整理空看房源的信息；根据任务内容设计了任务流程；根据任务流程逐步开展任务实施；介绍了商圈跑盘与房源空看必备的业务知识和必备的业务要领，并围绕商圈跑盘与房源空看任务拓展了相关知识、技巧和经验。"任务2　房源信息搜集与线上录入"的任务是出售房源信息搜集、出租房源信息搜集；根据任务内容设计了任务流程；根据任务流程逐步开展任务实施；介绍了房源信息搜集与线上录入必备的业务知识和必备的业务要领，并围绕房源信息搜集与线上录入任务拓展了相关知识、技巧和经验。"任务3　房源实勘查验与拍摄"的任务是实勘查验房源物理属性、法律属性、心理属性、房源实勘查验信息整理、拍摄房源内外景，设计了任务流程，开展任务实施，介绍了必备的业务知识和必备的业务要领，并拓展了相关知识、技巧和经验。"任务4　房源委托与线上发布"的任务是签订房源出售（租）委托书、上传委托书、线上发布房源信息，设计了任务流程，开展任务实施，介绍了必备的业务知识和必备的业务要领，并拓展了相关知识、技巧和经验。"任务5　房源市场推广"的任务是房源线上推广、房源线下推广，设计了任务流程，开展任务实施，介绍了必备的业务知识和必备的业务要领，并拓展了相关知识、技巧和经验。最后，安排了门店房源信息搜集与市场推广综合实训，形成最终的门店房源信息搜集与市场推广总结报告。

 思考题

1. 如何进行商圈跑盘与房源空看？
2. 如何进行房源信息搜集与线上录入？
3. 如何进行房源实勘查验与拍摄？
4. 如何进行房源委托与线上发布？
5. 如何进行房源市场推广？

技能考核点：数字化房源管理

考核内容：录入符合贝壳找房平台"楼盘字典"要求的房源。

考核标准：1. 房源管理软件（贝壳找房）平台使用；

　　　　　2. 房源标题规范；

　　　　　3. 房源实勘图片清晰度且尺寸符合规定；

　　　　　4. 房源重要信息是否齐全；

　　　　　5. 房源描述信息完整度。

技能鉴定方法：参照考核标准进行打分鉴定。

04

工作领域 4　客源信息搜集与管理

 工作领域描述

　　房地产交易不仅需要房源，更需要大量的客源。拥有大量的客源信息，才能促成大量房源的成功交易。客源信息搜集与管理是存量房交易服务的核心业务环节，是经纪服务人员的重要工作领域，需要相应的工作技能。

 工作领域内容

　　1. 客源信息搜集；
　　2. 客源委托与线上录入；
　　3. 客源信息管理。

 工作技能要求

　　1. 能够理解房地产经纪服务职业标准和工匠精神；
　　2. 能够进行客源信息搜集；
　　3. 能够进行客源委托与线上录入；
　　4. 能够进行客源信息管理；
　　5. 能够撰写客源搜集与信息管理总结报告。

任务 1　客源信息搜集

1.1　任务情景

孙 ×× 在师傅王 ×× 的指导下跑了一周多商圈，学会了很多存量房房源知识，其间实践了一套房源的信息搜集、线上录入、实地查验、委托、线上发布与市场推广等服务工作过程。孙 ×× 进一步理解了房地产经纪服务职业标准和工匠精神；能够进行商圈跑盘与房源空看；能够进行房源信息搜集与线上录入；能够进行房源实勘查验与协助拍摄；能够进行房源委托与线上发布；能够进行房源市场推广。

王 ×× 看到孙 ×× 的门店房源信息搜集与市场推广总结报告，比较满意，认为他在"工作领域 3　房源信息搜集与市场推广"的技能培训达到了要求。

按照技能培训计划，孙 ×× 开始进入"工作领域 4　客源信息搜集与管理"的训练。

孙 ×× 问：客源信息搜集是不是和房源信息搜集差不多？

王 ×× 答：你都知道举一反三了，孺子可教也。

1.2　任务分析

客源信息搜集任务内容主要有 2 项：

（1）搜寻购（租）房客户；

（2）筛选确认意向目标客户。

1.3　任务流程

客源信息搜集任务流程有 3 个步骤：

（1）工作准备；

（2）多渠道搜集客源信息；

（3）搜寻、筛选、确认有意向购（租）房的目标客户。

1.4　任务实施

1. 工作准备

（1）物料准备，包括交通工具（如电动自行车）、名片、黑皮本以及纸笔。另外还有穿平底鞋、背包、带水杯。

（2）信息准备。调看商圈跑盘整理的信息，进一步熟悉商圈情况和商圈的房源，这样才能有针对性地搜集到目标客源。

（3）心态准备。客源信息搜集有点辛苦和枯燥。要有充分的思想认识：只有搜集到大量的客源信息，那么前面搜集到的房源才能交易出去，否则前期的跑盘辛苦都白费了。

2. 多渠道搜集客源信息

（1）线上渠道搜集客源。主要有：

1）互联网广告获取客源。看到互联网上的房源广告后，欲购（租）房的客户会主动联系咨询房源情况。

2）公司网站或 APP 获取客源。欲购（租）房的客户会主动登录公司网站或公司APP，当对某些房源有好感时，可能会在房源广告下留言，或者直接打电话咨询房源情况。经纪服务人员，必须立刻抓住这些留言或打电话的客户，进行及时沟通。

（2）线下渠道搜集。主要有：

1）线下广告获取。有路牌广告、报纸广告等。

2）门店获取，就是坐等客户主动送上门来。当有客户上门时，一定要热情主动地去迎接客户，客户不是来登记房源的，就是有买（租）房意向的。

3）社区与人流密集地（如地铁口、商场门口）获取，蹲点、派发宣传单。

4）电话访问获取。可以通过打电话推销房源，看他们是否有意向买（租）房子。这种方法有可能会招到客户的嫌弃，要尽量减少这种方式。

5）介绍获取。老客户、朋友等介绍来的熟人，有意向买（租）房子。

房地产经纪公司常用的且较理想的、成本也较低的客源开拓渠道也是在社区和人流密集地派发宣传单，这种方式被许多经纪公司所采用。

3. 寻找、筛选、确认意向购（租）房目标客户

寻找筛选购（租）房目标客户，就是经纪服务人员通过上述多种渠道广泛搜集客源信息，通过沟通交流，了解他们的购（租）房意向，确认他们的需求信息。客源信息有两类：

（1）购房的客源。①希望购买房产，改变租房的尴尬。②换一套大的住房，解决一下添丁加口的问题。③换一套豪宅，收获高品质居住体验。④投资一套有潜力的住房，为财富保值增值。

（2）租房的客源。希望租房，想在城市住下来先安个家。

经纪服务人员从有购（租）房需求的客户中筛选出有购买能力的客户，就是目标客户。

瑞金路门店：经纪人搜寻到一个购房客源。

客源信息如下：

1）姓名，马××；电话，13811111×××；年龄，职业，待委托时确认。

2）购房区域范围：秦淮区、瑞金路片区。

3）楼盘名称：不限。

4）房型、面积、朝向：两室一厅、80m² 左右、南北。

5）建筑年代：1990 年以后。

6）装修：不限。

7）小区配套：公交、地铁、小学、中学、商场、菜场、银行、医院俱全。

8）单价、总价：4 万元 /m² 左右，400 万元以内。

9）看房时间：工作日 17：30—21：00 及双休日全天。

1.5　必备业务知识

1.客源信息

（1）客源，也叫买方，是指在房地产交易活动中，有购买需求且有购买实力的自然人、法人和其他组织。从客源含义看，要成为客源，必须同时具备下列两个条件：一是，要有购买需求。可以是客户主动表达需求，也可以是经纪人激活客户需求。二是，要有购买能力。购买能力主要指资金实力；在住房限购的城市，购买能力还包括购买资格。

（2）客源信息，指与买方及意向房源有关的信息，主要包括客源需求信息和客源交易条件信息。在市场不景气或买方市场的情况下，客源信息相对于房源信息对房地产经纪机构更重要。在市场景气或卖方市场的情况下，房源信息相对于客源信息对房地产经纪机构更重要。在我国一线城市，例如北京、上海、深圳等城市，按照每个家庭 1 套房的标准，房源还是短缺的。因此，在我国一线城市，仍然是卖方市场，房源信息相对于客源信息对房地产经纪机构更重要。

2.客源信息内容

（1）客源信息主要包括两个方面：客源需求信息和客源交易条件信息。

（2）客源需求信息主要有：位置、建筑面积、户型、朝向、停车情况、交通方便程度、建筑密度、建造年代、楼层、装修、电梯、绿化环境、物业管理等。

（3）客源交易条件信息主要有：购房动机、交易报价、总预算金额、定金金额、首付款金额、贷款金额、定金支付时间、首付款支付时间、权属转移登记时间、房屋交付时间、对户口的要求等。

1.6　必备业务要领

1.利用客源和房源的关系做业务

（1）互为条件，缺一不可。两者是可以相互转换的，客源可以转换成房源。因为你有比较好的房源，通过你的展示，就能获得客户。性价比好的房源是获得客户的重要手段。

（2）在房源和客源的市场营销活动中，两者相得益彰。房源的增加可以吸引很多客户，而客源的增加也可以吸引众多的房源信息。

（3）互为目标，不断循环。有时是有了房源去找客户，有时是有了客源去找房源。

2. 掌握客源开拓的策略

（1）将精力集中于市场营销。从销售为主导转变为以市场营销为主导。以吸引客户为主，留住客户为辅。

（2）发展和客户之间的关系。通过关注客户的需求而提供相应的服务达到客户满意，从而推动客户介绍他们所能提供的新客户过来，而这些客户带来的价值往往比完全从市场中寻找陌生客源大得多，也容易得多。房地产经纪人应以关注客户需求发展成为终生客户的目标。

（3）培养敏锐的观察力与正确的判断力，养成随时发掘潜在客户的习惯，并且记录新增加的潜在客户。

（4）养客。运用房地产经纪人的知识使潜在的客户变为真正的客户。养客是房源开拓的重要策略，是指房地产经纪人将一个陌生的客户转化为一个积极的购买者和接受房地产经纪人服务，达成交易的过程。

（5）以直接回应的拓展方法吸引最有价值的客户。

1.7　任务拓展

建立客户长期联系的策略主要有：

（1）建立客户数据资料库，是与客户长期保持联系的基础。

（2）建立专门从事顾客关系管理机构，建立客户长期联系的组织保证。

（3）通过营销人员与顾客的密切交流增进友情，强化关系。

（4）定期开展活动，建立客户长期联系的载体。

（5）注重长期的大客户关系，建立战略联盟。

任务2　客源委托与线上录入

2.1　任务情景

孙××按照师傅传授的客源拓展方法在商圈跑了几天客源，果然与房源搜集过程差不多，很快就在瑞金新村附近找到一位购房者，很有成就感。今天准备开展"客源委托与线上录入"了。王××看到徒弟举一反三，都能够自己主动安排训练任务了，感到非常欣慰。

2.2 任务分析

客源委托与线上录入任务内容主要有 2 项：

（1）签订购（租）房委托书；

（2）线上录入客源信息。

2.3 任务流程

客源委托与线上录入任务流程有 3 个步骤：

（1）工作准备；

（2）签订购（租）房委托书；

（3）线上录入客源信息。

2.4 任务实施

1. 工作准备

（1）准备购（租）房意向客户。

（2）预约客户。准备身份证、委托人的身份证明等。

（3）准备委托书等资料。

2. 签订购（租）房委托书

（1）商谈委托形式和具体内容

1）购（租）房委托形式，只有普通代理一种。与房源的代理不同，不区分独家代理和非独家代理两种形式，没有房源独家代理的约束条件。

2）委托具体内容。包括委托时间、委托售价、交易佣金等内容。

（2）签订购（租）房委托书

经纪人接受购（租）房委托时，应与客户签署书面委任协议，并明确经纪服务条件及佣金标准。委托关系确立可避免以后纠纷，具有服务资格。客源购（租）房委托书有线上签订和线下签订两种形式。

案例：FFF 经纪公司购房委托书（简易版）

委托方（甲方）：马××

受托方（乙方）：FFF 经纪公司

甲方现委托乙方购一套房屋，经过友好协商达成如下协议：

一、甲方授权乙方购买的房屋，位于秦淮区瑞金路附近、面积 80m² 左右、户型两室一厅。

二、委托时间：自签订本委托书之日起一个月内。

三、委托购房价格：340 万 ~380 万元。

四、交易佣金：乙方促成交易后，甲方按成交总价的 1.2% 提取佣金给支付乙方。

五、未尽事宜应该协商解决，协商不成可向房屋所在地人民法院提起诉讼。

六、本委托书一式两份，甲乙双方各执一份。具有相同法律效力。

甲方签名：　　　　　　乙方经纪人签名（盖章）：

时间：　　　　　　　　时间：

案例：FFF 经纪公司租房委托书（简易版）

委托方（甲方）：牛××

受托方（乙方）：FFF 经纪公司

甲方现委托乙方租一套房屋，经过友好协商达成如下协议：

一、甲方授权乙方租赁的房屋，位于秦淮区瑞金路附近、面积 60m² 左右、户型两室一厅。

二、委托时间：自签订本委托书之日起一个月内。

三、委托房租价格：3000~3300 元 / 月。

四、交易佣金：乙方促成交易后，甲方按 1 个月的租金给乙方支付佣金。

五、未尽事宜应该协商解决，协商不成可向房屋所在地人民法院提起诉讼。

六、本委托书一式两份，甲乙双方各执一份。具有相同法律效力。

甲方签名：　　　　　　乙方经纪人签名（盖章）：

时间：　　　　　　　　时间：

3. 线上录入客源信息

（1）基础资料录入：客户姓名、性别、年龄、籍贯；家庭地址、联系电话、微信、QQ；家庭人口、子女数量、年龄、入学状况、职业、工作单位、职务；文化程度等。

（2）需求状况录入：所需房屋的区域、类型、房型、面积；目标房屋的特征，如卧室、浴室、层高、景观、朝向；特别需要，如车位、通信设施、是否有装修；单价和总价、付款方式、按揭成数；配套因素的要求，如商场、会所、学校等。

（3）线上录入门店的客源系统里。通过客源录入系统软件端口，把搜集的客源信息录入系统里。

瑞金路门店经纪人搜集瑞金新村购房客源，信息录入如图4-1所示。

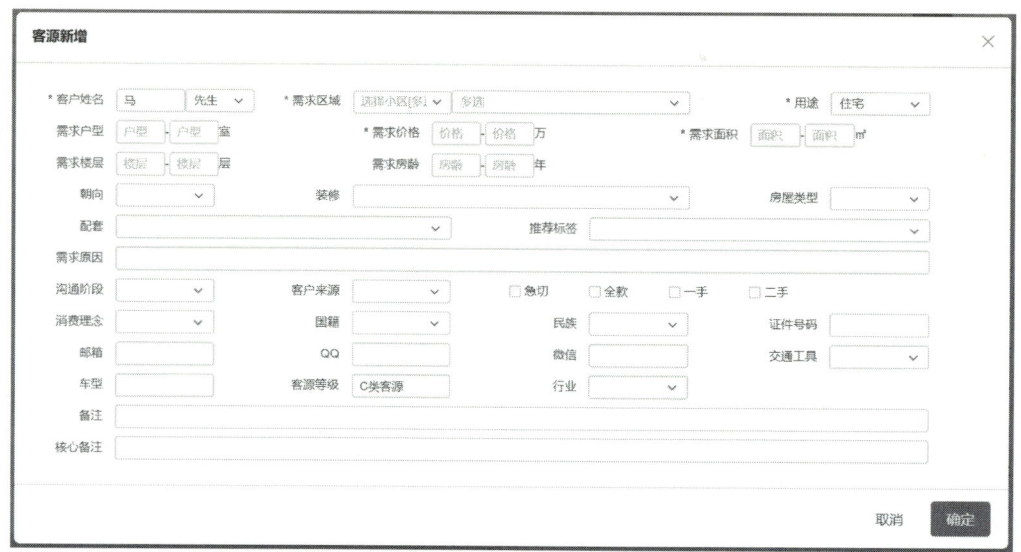

图4-1　瑞阳小区购房客源录入

2.5　必备业务知识

1. 客源需求和动机

需求动机是指引起人们购买房地产产品的愿望和意念，是激励房地产消费者产生消费行为的内在原因。了解客户需求和动机，主要是了解目标市场不同属性房地产客户的数量、构成比例、来源（指本地、外地等）、消费能力和档次等。根据购买目的，客户需求和动机主要可分为：

（1）投资型客户，以盈利为主要目的的购房者，包括长期投资（出租）和短期投资（转让赚取差价）；

（2）自用型客户，指以居住为主要目的的购房者，包括长期居住和过渡型居住；

（3）双重型客户，指投资、自住均可选择的购房者。

2. 客户委托人委托经纪机构购（租）房

如果购（租）房客户没有时间委托房地产经纪机构专业服务人员代理购（租）房，那么可以委托自己信得过的人（受托人）去委托经纪机构的专业房地产经纪服务人员代理购（租）房。

（1）购（租）房客户需要与受托人签订书面委托书。

（2）房地产经纪机构凭受托人提交的客户书面委托书与受托人签订购（租）房委托协议。

2.6　必备业务要领

1. 签订房屋求购（求租）委托书要领

（1）与客户初步寒暄过后，双方需要确定委托关系，则需要签订委托协议书。

（2）对于求购（求租）客户应该签订《求购（求租）委托协议书》，并对客户提出的关于协议条款的疑问给予满意的解释。特别要提醒客户阅读门店有明码标价的中介佣金标价表。

（3）对购房（承租）人而言，则必须提供有效的身份证件，单位则须提供工商注册登记证明。

（4）房屋求购（求租）委托书要双方协商认可，也可用合同范本。

2. 求购（求租）客户接待要领

（1）保证工作装穿戴整洁，无异味，头发面容干净，女士可化淡妆，良好的个人形象有助于赢得客户的信任。

（2）接待台面只放置电脑显示器、电话、名片架、便笺纸等，忌客户信息本胡乱放置桌面，接待台面杂乱不堪。

（3）店内环境干净、整齐。

（4）注重接待礼仪。

（5）注重沟通交流，收集客户需求信息资料。要注意电话接听交流。有些客户喜欢先打电话询问一下情况再来现场参观，他们对电话的接听感觉往往是决定是否来的一个主要因素。电话铃声响过要及时接听，首先要问好，报公司的名称，不妨加一句："对不起，让您久等了。"让客户感受到你的细心和周到，产生好感；可充分发挥电话的想象和知觉作用，通过声音、语调和内容让客户作出良好想象，感受到真诚；通话时间适中，不宜太久；通话完毕，应等对方先挂断，不要仓促挂断，以免遗漏客户要补充的内容。

2.7　任务拓展

培养长期客户的方法包括：

（1）使客户满意从而争取更多口头介绍来的客户，并与从前的客户保持联系。

（2）把眼光放在长期的潜在客户身上。很多客户从咨询到真正买房，通常相隔几个月甚至几年，要把这些在买房过程中的客户看成你最好的口头宣传员，他们往往都知道一些和他们处于同样处境的人，并愿意就买房问题进行讨论或征询意见。他们的口头宣传会为房地产经纪人带来很多客源，同时，房地产经纪人也应充分利用家人和朋友做口头宣传员，他们也是长期的潜在客户。

（3）建立广泛的社会联系和情报系统。房地产经纪人由于工作关系具有广泛的社会联系，如银行、房地产管理部门、公证部门、税务部门、律师事务所和保险公司等，充分利用这种联系发掘客户、搜集信息，以便于建立稳定的渠道，并起到宣传业务的作用。

（4）搜寻服务供应商。房地产经纪业务相关的服务供应商包括装修、清洁、园艺绿化和燃气公司等。房地产经纪人和这些服务供应商应建立良好的关系，使之能为房地产经纪人的客户提供服务，这种服务可以提供价格优惠或质量保证以增加其吸引力。这种附加服务能够给客户带来方便又不增加成本，能与客户建立一种长期联系。

任务 3　客源信息管理

3.1　任务情景

孙 ×× 在师傅的指导下，参照房源拓展方法和房源委托录入方法，很快就在瑞金新村附近找到一位购房者，而且顺利签订委托书，并线上录入系统里。

春天来了，这几天购房租房的人特别多，孙 ×× 又陆续搜集筛选并于线上录入了一些客源，很有成就感，看来房源不愁卖（租）了。王 ×× 也挺高兴的，告诉孙 ×× 客源多了，要学会"客源信息管理"。孙 ×× 感慨房地产经纪服务真是学无止境，纸上得来终觉浅。

3.2　任务分析

客源信息管理任务内容主要有 3 项：

（1）客源信息整理；

（2）客源需求信息分析分类；

（3）客源需求信息维护更新。

3.3　任务流程

客源委托与线上录入任务流程有 4 个步骤：

（1）工作准备；

（2）客源信息整理；

（3）客源需求信息分析分类；

（4）客源需求信息维护更新。

3.4　任务实施

1. 工作准备

（1）记录软件，就是公司客源管理信息系统。

（2）客源数据库。明确客源管理范围，包括时间段和区域范围。

2. 客源信息整理

（1）客源信息鉴别，就是对某时间段录入系统内的某区域范围内的大量客源信息的准确性、真实性、可信性进行分析，判断误差的大小和时效的高低，剔除人为主观的部分，使之准确、客观。必须注意信息的准确性，虚假的信息既会造成使用的困难，也会使客户对经纪人的信用产生怀疑。

（2）客源信息筛选，就是对已鉴别的客源信息进行挑选，减少信息的数量，将无用信息删除，将有用信息保留，既减少以后几个整理加工步骤的工作量，又减少以后查询所需的时间。在挑选的过程中，既要考虑到当前的需要，又要考虑到以后的需要。在考虑当前需要时主要考虑信息的深度，而后者则主要考虑信息的广度。

（3）客源信息整序，就是将不同的、杂乱无序的客源信息按一定标准、方法加以整理归类。主要方法就是分类，将相同的信息归为一类，将性质相似的类别排在一起。目的是为了便于查询，能够减少查询时间。

1）按客户需求户型分类，有一室一厅、两室一厅小户型客户，两室二厅、三室一厅中等户型客户，三室两厅、四室两厅及以上大户型客户；

2）按交易可能性时间分类，有短期交易客户、中期交易客户、长期交易客户；

3）按需求总价分类，有 200 万元 / 套及以下、200 万 ~500 万元 / 套以及 500 万元 / 套以上。

（4）客源信息编辑。编辑就是对整序的客源信息进行具体的文字整理过程，这是整个加工整理过程中最关键的工作。在编辑的过程中要注意简单明了、重点突出，同时要注意语义表达的准确性。

3. 客源需求信息分析研究

（1）报表分析。分析研究，是高层次的信息加工。经纪服务人员要经常研究，以产生新的信息并提高自身的判断、思考能力。信息通过加工整理之后，通常以表格、图片、文字报告等形式展现出来。其中表格又是最常见的一种，一般可分为日报表、周报表、月报表等。

1）分析日报表，一般就是将当日发生的客（房）源信息加以归类，主要是以数据分析为主。

2）分析周报表，是在日报表的基础上，通过将 7d 的日报表数据汇总得出，除了数据的汇总，还附有一些文字分析，阐述本周的客（房）源信息变动情况、分析原因等。

3）月报表是建立在周报表的基础上，文字的分析更为详细，并预测未来房地产经纪情况的变动。

（2）客源需求信息研究。通过报表分析，面对庞大的客户群要找到重点客户，可以把潜在的、创收潜力大的客户作为中期重点客户，对于有长期需求的客户作为未来重点客户来培养。到时间要及时联系，写入计划表。

4. 客源需求信息维护更新与利用

（1）动态维护更新。初步需求信息量较大、内容杂、相对模糊，而且随着时间的变化需求也是在不断变化。所以，要及时地了解这些变化，保持信息及时更新。首先服务于那些需求比较迫切的客户，而且出的价格比较接近市场价格，他的预算在这个市场上比较容易买到房子。有的时候，本来价格要 1 万多元，他只能出 8 千元，那大概率是不可能买到的，这种客户可能需要引导或暂时放在一边。对客源要恰当地保存、信息共享和跟进，并保守客户隐私秘密，不得滥用或透露给他人或商业机构。比如有些装修公司需要交换信息，这时候不要随便把客户信息交出，否则客户会很反感。

（2）客源要利用。在客源的利用中，优秀的房地产经纪人对每一个客源信息持续跟进，直到潜在的客户购买或者离去。优秀的房地产经纪人不会轻易放弃一个客户线索，不停地和客户联系直到得到回应。尽管最终的成交率是 10% 或 20%，但必须为那 10% 或 20% 的客户而与 90% 或 80% 的潜在客户联系。没有 100% 的争取就没有那10% 或 20% 的成交。

（3）客源的再利用。房地产经纪人往往将焦点放在开发新客户上，而旧的客源信息往往忽略，其实老客户并不意味着没有价值。一个成功的房地产经纪人要善用旧的客源信息，其实那里面也有宝藏。一个客户的价值取决于他（她）终生带给房地产经纪公司或房地产经纪人的收入和贡献，即客户终生价值。客户均可分成初次购买（服务）的客户和重复购买、推荐购买的客户，由于不同的客户与房地产经纪人发生业务的次数和业务量的不同，成本不同，因而其价值不同。得到一个新客户的费用是一个老客户所需费用的5~10倍。因而有意识地致力于开发长期客户的价值，培养忠诚客户，是房地产经纪人业务源源不断的保证，也是竞争力的基础，而不是只顾眼前利益，做一单算一单。

3.5　必备业务知识

1. 客源管理的对象和内容

（1）客源管理的对象。客源管理的对象就是买方或租房的客户。客源管理是以潜在客户的个人信息和需求信息为中心。按不同的方法，可对客源作不同的分类。按客户的需求类型，可分为买房客户与租房客户；按客户需求的物业类型，可分为住宅客户、商铺客户和工业厂房客户；按客户的性质，可分为机构客户和个人客户；按与本房地产经纪机构打交道的情况，可分为新客户、老客户、未来客户和关系客户，或曾经发生过交易的客户、正在进行交易的客户和即将进行交易的客户。不同类型的客户需求特点、方式、交易量都不同，因而对其管理要点也不同。

（2）客源管理的内容。客源管理包括对客源的获取、记录、储存、分析、利用的一系列活动。客源管理是从搜集信息、整理信息和存档开始。

1）基础资料：客户姓名、性别、年龄、籍贯；家庭地址、电话、微信、Email；家庭人口、子女数量、年龄、入学状况、职业、工作单位、职务；文化程度等。

2）需求状况：所需房屋的区域、类型、房型、面积；目标房屋的特征，如卧室、浴室、层高、景观、朝向；特别需要，如车位、通信设施、是否有装修；单价和总价、付款方式、按揭成数；配套因素的要求，如商场、会所、学校等。

3）交易记录：委托交易的编号、时间；客户来源；推荐记录、看房记录、洽谈记录、成交记录；有无委托其他竞争对手等。

2. 客源管理的原则

（1）有效原则。初步需求信息量较大、内容杂、相对模糊，而且随着时间的变化需求也是在不断变化。所以，要及时地了解这些变化，保持信息及时更新。要对客户进行筛选分类，首先服务于那些需求比较迫切的客户，而且出的价格比较接近市场价格，他的预算在这个市场上比较容易买到房子。

（2）合理使用原则。对客源要恰当地保存和分类，信息共享和客户跟进，并保守客户隐私秘密，不得滥用或透露给他人或商业机构。

（3）重点突出原则。面对庞大的客户群要找到重点客户，可以把客源分类，列一张表格分为：短期客户、中期客户、长期客户。潜在的、创收潜力大的客户可作为中期重点客户，对于有长期需求的客户作为未来重点客户来培养。到时间要及时联系，写入计划表。

3.6　必备业务要领

识别客源核心信息：

（1）按照客户的核心关注点分类，可将客源信息分为客源核心信息和客源非核心信息。我们知道，房源是没有十全十美的，挂牌价也不会让所有人满意。客户不可能对房源信息所有的方面都完全满意。因此，为提高成交效率，经纪人应把客源核心信息和客源非核心信息区分开来，并对客源核心信息重点关注。

（2）客源核心信息是由买方核心需求决定的，有些核心信息是相对固定的，例如最大的预算金额等；有些核心信息会随着买方的核心需求不同而不同。

例如，为了建筑面积增加的改善性购房需求，客源核心信息通常有：购房预算总金额、建筑面积、户型布局等。为了结婚和户口落地，客源核心信息通常有：购房预算总金额、交通方便程度、建筑面积等。为了赡养年老的父母，客源核心信息通常有：购房预算总金额、楼层、朝向等。值得注意的是，对于客源的核心信息，买方开始实地看房时，不一定非常清晰和了解。在实地看房以及后续跟进过程中，经纪人需要与买方反复沟通和交流，逐步确认客源的核心需求。此外，对于客源的核心信息，经纪人需要从专业角度说服客户，确定的客源核心信息不宜过多，一般不超 5 个。因为过多，反而使客源核心信息失去聚焦的意义。

3.7　任务拓展

投资购房需求及经纪服务方法主要包括：

（1）投资购房需求特点：

1）有升值潜力的地方。城市的中心区域，或者城市景观区域。

2）房源处于将来的潜力或者规划的行政或者商业中心。

3）对于地段要求非常严格，一般要求成熟区域。

4）对于房产了解较多，一般要求经纪人更专业。比如可以计算投资回报率。

5）知名开发商开发的品质楼盘。

6）稀缺性房源或者不可再生性房源。

7）能够转手或出租的房源。

8）对楼层和朝向要求比较严格。一般顶层、一楼都不在考虑之列。

9）老城区或学区小户型房源。

10）商业地段商铺和新开楼盘底商。

（2）经纪人工作方向：

房源开发——成熟小区的商圈精耕和开发；知名品牌的楼盘商圈；老城区或中心商业区以及新兴行政商业区域；交通便利地段有升值潜力的房源。

客源开发——投资回头客；老客户圈子；互联网；一手售楼处业主名单；和物业管理公司合作；投资论坛等地；驻守知名开发商楼盘房展和推介会；商业中心精耕。

3.8　综合实训

3.8.1　求购客户接待操作训练

1. 接待准备

（1）保证工作装穿戴整洁，无异味，头发面容干净，女士可化淡妆；

（2）接待台面只放置电脑显示器、电话、名片架、便笺纸等，忌客户信息本胡乱放置桌面，接待台面杂乱不堪；

（3）店内环境干净、整齐。

2. 客户到达门店后，主动开门迎接客户

（1）起立并且面带微笑迎接；

（2）致欢迎辞："您好，欢迎光临！"

（3）客户进入店堂后，自然地将客户引导进入接待台前的客户座位；

（4）客户入座后，同店同事配合倒水、递杯，水温适中、水位七分满左右。

3. 自我介绍

（1）询问客户称呼；

（2）向客户作自我介绍，主动递上名片，例如："马先生您好，我是房地产经纪人李××，您可以称我为小李，这是我的名片。"

4. 问明来意

（1）用合适的询问语言判断客户来意，例如："马先生，您需要了解些什么信息吗？"

（2）询问来意是对客户需求的第一次探询，在谈话氛围允许的情况下，获取客户基本信息及需求越多越好，忌客户反感后依然提问不断，经纪服务的态度要亲切、诚恳。

（3）获得的客户信息后，及时在客户信息本上记录。

（4）信息要点主要有：姓名、移动电话、固定电话、来意、区域范围、价格范围、年龄判断、职业判断、方便的看房时间等。

例如：

姓名：马××

来意：求购

手机：13711111×××　　办公室电话：858898××

年龄：35~40 岁

职业：企业白领

区域范围：本市 ×× 区 ×× 中学 3km 范围内

看房时间：工作日 17：30—21：00 及双休日全天

5. 签订委托

（1）初步寒暄过后，双方需要确定委托关系，则需要签订委托协议。

（2）对于求购客户应该签订《求购委托协议书》，并对客户提出的关于协议条款的疑问给予满意的解释。

（3）在委托协议书客户联的背面有明码标价的中介佣金标价表，可以提醒客户阅读。

（4）在以上协议的门店联后附有《客户服务确认书》，经纪服务人员每次带看房服务时应带上此联，在"时间""带看房屋地址""经纪服务"处填写完整后，请看房客户在"客户签名"处签字确认此次服务已经完成。如果看房人不是客户本人，而是客户的亲戚、朋友等关联方，则在"关联方 / 代理人"一栏签字。

3.8.2　门店客源搜集与信息管理

1. 实训内容

演练 1　客源信息搜集；

演练 2　客源委托与线上录入；

演练 3　客源信息管理。

2. 实训作业文件

门店客源搜集与信息管理总结报告。

 小结

　　客源信息搜集与管理工作领域主要有三个工作任务。"任务 1　客源信息搜集"的任务是搜寻购（租）房目标客户、筛选确认意向客户；根据任务内容设计了任务流程；根据任务流程逐步开展任务实施；介绍了客源信息搜集必备的业

务知识和必备的业务要领，并围绕客源信息搜集任务拓展了相关知识、技巧和经验。"任务2 客源委托与线上录入"的任务是签订购（租）房委托书、线上录入客源信息；根据任务内容设计了任务流程；根据任务流程逐步开展任务实施；介绍了客源委托与线上录入必备的业务知识和必备的业务要领，并围绕客源委托与线上录入任务拓展了相关知识、技巧和经验。"任务3 客源信息管理"的任务是客源信息整理、客源信息分析分类、客源信息维护更新，设计了任务流程，开展任务实施，介绍了必备的业务知识和必备的业务要领，并拓展了相关知识、技巧和经验。最后，安排了求购客户接待操作训练和门店客源信息搜集与信息管理综合实训，形成最终的门店客源信息搜集与管理总结报告。

思考题

1. 如何进行客源信息搜集？

2. 如何进行客源委托与线上录入？

3. 如何进行客源信息管理？

05

工作领域 5　线上约看讲房与签约

 ## 工作领域描述

　　线上约看讲房是促成房地产交易的基础，是经纪业务中达成成交的必经环节，签约则是房地产交易成功的标志。线上约看讲房是房地产经纪服务的基本功，成功地约看讲房可以打动客户触发交易行动。所以，线上约看讲房与签约是房地产交易服务的核心业务环节，是经纪服务人员的重要工作领域，需要具备相应的工作技能。

 ## 工作领域内容

1. 客户线上约看；
2. 在线讲房；
3. 在线签约。

 ## 工作技能要求

1. 能够理解房地产经纪服务职业标准和工匠精神；
2. 能够开展客户线上约看；
3. 能够进行在线讲房；
4. 能够进行在线签约；
5. 能够撰写约看讲房与签约总结报告。

任务 1　客户线上约看

1.1　任务情景

孙 ×× 在师傅王 ×× 的指导下跑了一周多客源，学会了很多客源知识，其间实践了多个客房源的信息搜集、委托、线上录入等服务工作过程。孙 ×× 进一步理解了房地产经纪服务职业标准和工匠精神；能够进行客源信息搜集；能够进行客源委托与线上录入；能够进行客源信息管理。

王 ×× 看到孙 ×× 的门店客源信息搜集与管理总结报告，比较满意，认为他在"工作领域 4　客源信息搜集与管理"的技能培训达到了要求。

按照技能培训计划，孙 ×× 开始进入"工作领域 5　线上约看讲房与签约"的训练。

这可是孙 ×× 梦寐以求的训练内容，他非常渴望做出一单签约。于是，他找出客源库里急于买房的客户，准备着"客户线上约看"了。

1.2　任务分析

客户线上约看任务内容主要有 3 项：

（1）与客户线上预约；

（2）线上带看；

（3）带看过程信息整理。

1.3　任务流程

客户线上约看任务流程有 6 个步骤：

（1）工作准备；

（2）线上看房线路设计；

（3）与客户线上预约；

（4）按预先准备的线路带看；

（5）带看过程信息整理；

（6）带看后跟进。

1.4　任务实施

1. 工作准备

（1）选择带看方式。主要有两种方式，即线上带看和线下带看。为了方便客户和节约时间，一般先选择线上看房，当客户线上看房看中了房源，需要线下看房确认买

（租）房时，就转入线下看房。

（2）熟知房源区位状况。房源区位状况在商圈跑盘的时候就要做好准备了，或是临时突击，一定在带看前熟知房源区位状况。

（3）准备带看工具，如鞋套、看房资料、测量仪等。

2. 精选备看房源与看房线路设计

（1）精选备看房源。根据客户报价范围，选择房主报价接近的3~5套房源。要选客户能接受的价格范围，房源价格超出客源预算很多，就很不合适。对于出租的房源，除考虑租金合适外，还要考虑租金支付方式，有的房主要求一次性预付半年以上租金，不少客户就难以接受，希望按季度付租金。要熟知房子状况。约看中房源呈现应做到：

1）亲自看过房，身临其境，描述才会形象；

2）可以给客户发房屋照片，加以描述；

3）推荐业主的房子，就像推荐自己的房子。

（2）带看线路设计。

1）线上带看，设计房源的先后点击顺序，可以先看最接近客户需求的房源，接着看稍逊于客户需求的房源，最后看稍高于客户需求的房源。

2）线下安排带看线路。一般按照先近后远不绕路，综合考虑房屋的可看时间和客户看房路线方便程度来安排房源带看线路。

3）延长带看线路。根据带看中客源的感受和要求，为提高交易成功率，可以灵活安排增加带看房源，延长带看线路。

（3）线下看房见面地点。约客户见面的地点应该选择明亮宽敞的地方，如小区大门口、附近银行门口、标志性建筑物旁、店面等，不能选择狭小、阴暗、卫生差的地点，影响看房情绪。见面地点避开其他中介和该房源楼下。

3. 与客户线上预约

（1）与客户预约沟通

1）约定看房时间。一般就客户方便的时间，多半是双休或节假日，或者是八小时外下班后。

2）描述房子状况，呈现亮点。

3）和客户确认几个人来看房。

4）乘车工具。

5）预约看房地点。

6）看房时长。

7）提示客户做好签约准备。

8）告知业主报价。

（2）与业主沟通预约

1）约定看房时间段。线上看房不需要到现场，就不需要房主到场。但当客户线上看房看中了房源，需要线下看房确认买（租）房时，需要房主配合在场。线下看房，需要与房主落实看房时间，要与客户、房主反复沟通，找到一个双方都空闲的时间段作为看房时间。为避免客户、房主过早直接见面造成业务差错，一般经纪机构会说服房主留下钥匙。有房子钥匙在手，客户看房就方便多了。

2）告知客户情况。

3）提示业主准备好相关签约证件。

4）与业主确定报价。

（3）提醒客户看房携带的东西。有：身份证，决定买房的客户还可以带上户口本、购房资格证明、定金或者意向金等，为进一步签约做准备。

（4）在与客户、房主线上预约的沟通中，还需要就双方关心的问题进行确认。

4. 按预先准备的线路带看

（1）VR房源带看。按预先准备的房源顺序点击观看，自动播放房源视频和语音。客户可从视频和语音中了解该套房源的具体情况，整体感觉是否是自己想要的房子。

（2）线上即时响应带看。如果客户需要线上沟通交流，客户利用房源发布平台点击经纪人推进的房源，经纪人在线上即时响应带看。经纪人可以依次带看多套房源。

（3）线下带看。要提前15min在约定地点等候，做好进入房屋前的必要准备。带好鞋套、提醒客户不宜和业主讨论挂牌价格等。按照先近后远不绕路的顺序依次带看房源，带看途中主动讲解，进入房中有序呈现。对一套房源的带看顺序一般是先小区后房屋、先室外后室内、先客厅后厨卫再卧室。

（4）带看交流。交流内容可以是房源特点、小区特点、国家政策、市场趋势、经纪人执业经历等。

（5）带看衔接。线上带看，一套房源看完了，要接着转入下一套房源的带看，转换页面点击即可，中间一般不会有很长的时间间隔。但是，线下带看，一套房源看完了，再接着看下一套房源时，有可能到另外一个小区，中间要走很长时间的路，这段时间要事先准备好衔接，特别是沿途讲解内容。衔接的方法主要是一路沟通交流，可根据客户情况灵活选择交流话题，可选择谈论沿途商圈周边配套、小区环境，最好是交流客户对看房的感受，了解其交易意向，最差也可以谈谈天气等普通生活话题。

5. 带看过程信息整理

（1）整理客户对每一套房的感受和反应。包括：

1）客户满意的地方，如户型、楼层、周边环境等；

2）客户不认同或不满意的地方，如价格、厨卫、物业管理等。

（2）记录客户进一步的要求。如价格要求、户型要求、下一步看房要求等。

6. 带看后跟进

（1）请客户评价。在看完每套房屋后，可以马上问客户对房子的感觉，让客户打分（总分100分）。这样有利于第一时间了解客户看房的感受。

（2）带看后请客户回店。目的是了解客户需求，要尽量引导客户回门店。回到经纪门店后，可以就客户看的几套房子，做综合性的分析和比较，也可与其他网上房源进行比较。带看客户回店率是促进成交的有效指标。如客户因为忙不能回店时，可抓住分手短暂时机沟通交流看房情况。无论客户是否回门店，都必须了解客户交易意向。

1）针对有意向的客户。安排进一步签约的事项，或者现场签订意向书。一般租赁协议可以立即通知房主过来签署。

2）针对无意向的客户。安排进一步的看房事项，或者等段时间再联系，或者终止看房。

（3）带看当天回访客户房主。

1）带看当天，回访客户。深入交流沟通，明确下一步的服务流程，或继续或暂停或终止。

2）带看当天，回访房主。及时把客户对看房的真实评价意见反馈给房主，如价格、户型缺陷、家具等，特别是价格是否能够降一点，与房主及时沟通。

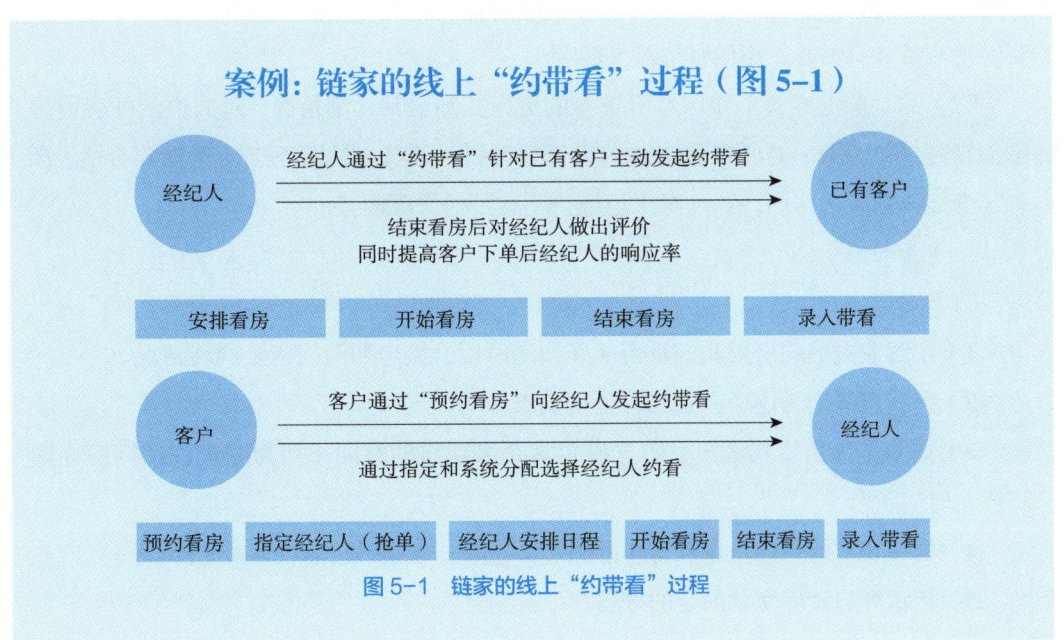

图5-1　链家的线上"约带看"过程

1.5 必备业务知识

1. 带客看房

（1）带客看房，简称带看，是指房地产经纪人带客户到房屋现场，检查、观察委托房屋区位和实物状况。俗话说"百闻不如一见""眼见为实"。房屋尤其如此，因为房屋具有独一无二的特性。房屋实地查看是房地产经纪人员促成房地产买卖、租赁业务不可省略的工作步骤。

（2）带看的意义。对房屋进行实地查看，有利于客户确认房屋真实存在，亲身感受房屋的区位状况、实物状况和服务管理状况，从而熟悉和掌握文字、图纸、照片等资料无法或者难以反映的细节。

2. 线上带看

（1）线上带看，指房地产经纪人把房屋区位和实物状况搬到线上，不用带客户到房屋现场，也能让客户在线上通过 VR+ 远程带看工具看到房屋区位和实物状况。

（2）线上带看优点。用户实现远程看房、定房、足不出户多户型浏览，节约看房时间，降低了销售（租赁）成本，提高销售（租赁）转化率。

1.6 必备业务要领

1. 约看前的准备

（1）约看前的心理准备。不要为了完成任务被动地给客户打电话，不能觉得一切凭运气。要有打一个电话就约出一个客户的信心。任何工作都会面临拒绝，面对拒绝要客观对待并有恒心，相信坚持就是胜利。

（2）约看前的准备工作。对所带看的房屋要知道其详细情况；对周边的配套设施掌握得越详细越好；对所带看路线的设计要可行；对双方见面地点的选择要合适；准备至少 2~3 套备选房源，一旦客户拒绝，还有其他房源推荐。

2. 带看沟通

（1）与客户的沟通

1）了解业主的购房资质，是否是在换房阶段，换房期间的资金周转情况。

2）向客户清晰描述房屋状况，呈现卖点。

3）如果是为房屋找客户，应先确定客户来看房的时间（如为客户找房则应先询问业主时间）。

4）告知客户约定地点以及行车路线。

5）提示客户做好交意向金的准备。

6）告知客户业主报价。

（2）与业主的沟通

1）如果是为客户找房屋，要先与业主约定看房时间（如为房屋找客户，则先询问客户时间）。

2）告知业主客户情况，包括客户资质、付款方式等。

3）提示业主准备好相关签约证件，如果客户有意向可以顺利签约。

4）与业主确定报价。

5）询问业主是否想要换房，了解业主的迫切程度以及是否可以为业主提供增值服务。

3. 客户约看问题处理

（1）客户：今天我没时间，到周六再联系吧，我只有周末才有时间去看房。

一般经纪人会根据客户意见周五再联系客户周末看房。实际上，经纪人应该树立第一时间带看最重要的观念，积极争取早日看房。可以沟通客户：

1）告知房源能满足大多数客户的需求；

2）房源性价比很高；

3）给客户微信、邮箱发房源的照片，引发客户的看房兴趣；

4）可以约见晚上或者利用中午休息的时候看房。

（2）客户：这个小区我线上看过，没有合适我的房屋。

一般经纪人会根据客户意见放弃线下约见看房。实际上，客户的需求不是一成不变的，尤其百闻不如一见，积极争取约见看房。可以沟通客户：

1）看了房屋才能决定要不要购买；

2）带上家人一起来看，再一起商量；

3）推荐附近小区的房屋；

4）若客户未看过同类户型，可以先让客户看看，客户能多一种选择；

5）一旦有新上合适的房源，立刻通知客户。

4. 一带多看、二次带看与重复带看

（1）一带多看，指经纪人带领一个客户，所看房屋不止一套的行为。经纪人应让客户多看几套房屋，尤其是第一次带看的客户，多看和多沟通，了解客户的真实需求。

（2）二次带看，指经纪人第二次带领同一客户实地看房。类似地，还有三次带看、四次带看等。二次以及以上的带看，是实现精准匹配的重要途径。

（3）重复带看，指经纪人带领同一客户重复查看同一套房屋。重复带看是客户看中所看房源的重要标志。经纪人要抓住这一机会，积极促成交易。

5. 带看指标追踪

一带多看、二次带看、三次带看与重复带看，都需要量化的数据指标进行追踪。正所谓"指标不追踪，一切都是空"。

（1）带看指标

一带多看比率 = 一带多看客户数量 ÷ 所有带看客户总数量；

二次带看比率 = 二次带看客户数量 ÷ 所有带看客户总数量；

三次带看比率 = 三次带看客户数量 ÷ 所有带看客户总数量；

重复带看比率 = 重复带看客户数量 ÷ 所有带看客户总数量。

（2）指标追踪价值

一带多看比率、二次带看比率、三次带看比率、重复带看比率的提升，都有利于成交效率的提高和业绩的增加。

其中，最应看重的是重复带看比率，其次是三次带看比率，再次是二次带看比率，最后是一带多看比率。

1.7 任务拓展

1. 克服带看常见错误

（1）过于迁就客户。客户购房时，通常是比较犹豫和谨慎的，这就需要经纪人去推动。因此，约客看房时，房地产经纪人员应适当坚持，直接给出具体的可供选择的时间点。对于一些好的房源，更应直接向客户说明第一时间看房的重要性。

（2）见面不知如何沟通。与客户见面，不知如何沟通的表现主要有：

1）害怕、怯场，自信心不足，担心不能承担如此大额的交易。

2）不知道讲什么。由于专业知识不足，或者与陌生人接触不多，因而不能营造轻松愉快的谈话氛围。

3）不敢介绍。因为担心讲得越多错得越多，往往保持沉默，甚至出现冷场。

4）不知如何提问。很多经验不足的经纪人只会询问需要何种类型的房屋、购房的预算等。对于其他有价值的问题，不知从何谈起。

（3）不熟悉周边环境和房源。不熟悉周边环境、房源以及整个市场，对客户提出的问题，往往哑口无言。对于客户来说，经纪人是专业人士，若不能准确回答客户的问题，那么经纪人的形象就大打折扣。对于房龄、面积等常见问题，房地产经纪人绝对不能一知半解，否则极易让客户产生怀疑和疑虑。

（4）看房过程中不了解客户真正需求。实地看房，是一个很好了解客户真正需求的机会，不容错过或者浪费。客户的需求包括：

1）价格、面积和户型；

2）购房的动机；

3）支付方式；

4）目前的资金预算等。

（5）不知业主的背景和出售的原因。很多时候，客户在实地看房时，会问起来业主的背景情况、目前房屋居住情况、卖房原因等，如果不能事先知晓这些内容，也会使经纪人专业形象受损。

2. 居住服务数字化 VR 带看意义

贝壳研究院数据显示，2020 年一季度，贝壳找房平台上的经纪人和消费者，共同发起了超过 1800 万次 VR 带看，VR 带看的通话时长达到 50.7 万 h，相较 2019 年四季度增长了 80 倍。2020 年第二季度，贝壳平均每天约发起 15.9 万次 VR 带看，而 2019 年同期的数字仅为 1.1 万次。

居住服务数字化开拓消费场景，提振消费需求，提升经纪机构抗风险能力。数字服务拓宽了房地产消费场景半径，激发并提振了潜在的消费需求。基于数字技术而衍生的消费场景如 VR 看房、直播看房，不仅使购房不再局限于线下固定的物理场景，而且使消费者可利用碎片时间进行数字化消费，多元场景中的消费需求有更多可能，提升了消费、服务对疫情等风险因素的抗风险能力。

任务 2　房源在线讲解

2.1　任务情景

孙 ×× 按照师傅传授的在线约看方法约看了几天客户，掌握了准备工作、线上看房线路设计、与客户线上预约、按预先准备的线路带看、带看过程信息整理以及带看后跟进流程。但孙 ×× 对师傅线上线下带看过程中的精湛讲房，既非常崇拜，又感到很陌生，不知道从何学起。

王 ×× 告诉孙 ××，讲房看似耍嘴皮子，但可是技术活，要积累房地产知识、掌握正确方法，还要千锤百炼，才能讲房熟练，应对客户问题对答如流。

孙 ×× 暗下决心，一定要练好"在线讲房"。

2.2　任务分析

在线讲房任务内容主要有 3 项：

（1）制作讲房 VR/AR 语音；

（2）在线 VR/AR 语音讲房；

（3）在线沟通讲房。

2.3 任务流程

在线讲房任务流程有 7 个步骤：

（1）工作准备；

（2）熟悉房源社区，分析房源优劣势；

（3）针对客户设计讲解内容和方法；

（4）讲房方式设计；

（5）制作讲房 VR/AR 语音；

（6）按预先准备的线路 VR/AR 带看讲解；

（7）在线沟通讲房。

2.4 任务实施

1. 工作准备

（1）要讲的房源资料准备，包括小区资料、房屋情况、房屋拍摄的图片等。

（2）物料准备，包括纸笔、录音设施等。

2. 熟悉房源社区，分析房源优劣势

（1）熟悉房源社区，包括社区区域及楼盘、社区人群及居住情况、社区配套设施、社区文化特点、社区内现有的组织等情况。

（2）分析房源优劣势。房源的优劣势主要体现在如下指标上：

1）地段。房产是不动产，所处位置对其使用和保值、增值起着决定性的作用。看一个区位的潜力不仅要看现状，还要看发展，如果购房者在一个区域各项市政、交通设施不完善的时候以低价位购房，待规划中的各项设施完善之后，则房产很有希望大幅升值。区域环境的改善会提高房产的价值，研究城市规划，分析住宅所在区位的发展潜力，十分重要。

2）户型。布局合理是居住舒适的根本。

3）配套。居住区内配套公建是衡量居住区质量的重要标准之一。

4）布局。容积率不宜太高，分摊面积不宜太高，住宅布局合理，日照时间长、通风好。

5）绿化。绿地率，指的是居住区用地范围内各类绿地的总和占居住区总用地的百分比，越高越好。

6）区内交通。分为人车分流和人车混行两类。卖点是"人车分流"。

7）价格。房子不是越便宜越好，关键是要看性价比。

此外住宅设备、节能、隔声、私密性、结构、物业管理等指标也能够体现房源的优劣势。

3. 针对客户设计讲解内容和方法

（1）讲解内容。根据前面对房源的分析，梳理讲解内容：

1）讲地段。地段优势体现在交通便捷上，应该用车程、车时概念取代原来的绝对位置概念。交通方便往往是促进房产销售的强劲卖点，比如说地铁某号线直达小区、某宽阔大道紧邻小区……其实这有可能只是城市规划中的远期设想，但带看时一定要铺陈叙述清楚、有把握甚至可以带客户到规划地点实际感受。

2）讲户型。布局合理是居住舒适的根本，具有好户型特点："动静"分区、干湿分离、大开间、明厨明卫等。

3）讲配套。居住区配套齐全是卖点。附近设有小学、中学，这将是最大的卖点，值得大讲特讲。

4）讲布局朝向日照通风。住宅布局合理，日照时间以大寒日大于两小时为标准，越长越好，日照质量高。"户户朝南"就是最大的卖点。板楼的通风效果好于塔楼。

5）讲私密性。住宅之间的距离除考虑日照、通风等因素外，还必须考虑视线的干扰。人与人之间距离24m内能辨别对方，12m内能看清对方容貌。为避免视线干扰，多层住宅居室与居室之间的距离以不小于24m为宜，高层住宅的侧向间距宜大于20m。

6）讲绿化。绿地率越高越好，如果绿地率能达到40%甚至50%，就比较难得了。

7）讲区内交通。卖点是"人车分流"，小区内的步行道兼有休闲功能，可大大提高小区环境质量，这种方式推荐给客户，他们都会喜欢。需要搞清楚：车位的月租金是多少；如果购买，今后月管理费是多少，然后仔细算一笔账再决定是租还是买。在这里给出合理建议，客户会更信任。

8）讲房屋价格。关键是要看性价比，看物有所值、价格合理。

9）讲房屋设备。包括管道、抽水马桶、洗浴设备、燃气设备等质量是否精良、是否方便、实用，租户是很看重的。

10）讲房屋节能。环保与节能也是卖点，有冬季保温和夏季隔热、防热及节约采暖和空调能耗的措施。

11）讲房屋隔声。住宅应与噪声源，如学校、农贸市场等保持一定的距离；临街的住宅为了尽量减少交通噪声应有绿化屏幕、分户墙；楼板应有合乎标准的隔声性能，一般情况下，住宅内的居室、卧室不能紧邻电梯布置以防噪声干扰。最好拿出相关的数据更有说服力。

12）讲房屋结构。有砖混结构和钢筋混凝土结构。钢筋混凝土结构抗震性能好，整体性强，防火性能、耐久性能好，室内格局较砖混结构灵活。

13）讲分摊面积。舒适度高，分摊面积不大为最佳。

14）讲物业管理。品牌口碑好的物业公司是卖点，但物业管理费太高客户会不满意。

（2）讲解方法。通过分析房源优劣势，为客户准备讲解方法。

1）普通话讲解；

2）礼貌用语开头；

3）按讲解内容分模块讲解，重点突出。

4. 讲房方式设计

（1）根据讲解内容设计讲房方式。要注意简单明了、重点突出，同时要注意语义表达的准确性。

（2）凸显主推房源优势。如离地铁口近，紧邻购物中心；房子在小区中间，安静；供应 24h 热水；楼层优势、户型优势；物业管理优势。

1）针对上班族客户需求的房源优势方式。离地铁口近，步行 500m 就到；小区环境优雅，居住品质高；小区有商业配套等。

2）针对照顾老人客户需求的房源优势方式。小区附近有公园；有电梯或楼层低；小区紧邻三甲医院等。

3）针对带小孩客户需求的房源优势方式。小区人车分流；小区紧邻幼儿园或学校；小区人员素质高，利于孩子成长等。

案例：某房源讲房方式

1. 房源优势

（1）南北朝向日照充足；

（2）现在的房子相比年初已经增值超过 10%；

（3）室内装修简洁大方，可拎包入住。

2. 房屋介绍

（1）客厅宽敞、大方、使用率高；

（2）卧室温馨舒适、搭配适宜；

（3）厨房设施齐全。

3. 社区配套

（1）环境优雅，低密度社区；

（2）小区绿化率高，花园一样。

4. 周边配套

地理位置得天独厚，出行方便，节省时间，配套齐全。

5. 推荐理由

楼盘位于小区中间，闹市中的桃源，隐隐于市，惬意的生活是一种享受，显示您的尊贵。

6. 房源特色

超大卖点一：地段寸土寸金，未来升值无限看好。

超大卖点二：社区一流的环境，一流的物业管理，绿化率高达56%，楼间距宽达150m。

超大卖点三：户型漂亮，两卧客厅全南，另带有一个小书房，中间楼层，位于小区入口位置，采光视野好。

超大卖点四：价格十分便宜，是整个社区最便宜的一套三房，低于市场价20万元。

超大卖点五：业主相当诚心出售，钥匙已经放在我们公司，随时看房。

5. 制作讲房 VR/AR 视频

（1）经纪人按照事先准备好的讲房文稿声情并茂讲房，由专业人员录音。

（2）由专业人员根据房源图片和文稿录音，合成制作讲房 VR/AR 视频。

6. 按预先准备的线路 VR/AR 带看讲解

（1）把制作好的讲房 VR/AR 视频上传到房源发布系统，链接到房源推广主界面上。

（2）按预先准备的房源顺序点击观看，自动播放讲房 VR/AR 视频。客户可从视频和语音中了解该套房源的具体情况，整体感觉是否是自己想要的房子。

7. 在线沟通讲房

（1）客户利用房源发布平台点击经纪人推进的房源，经纪人在线上即时响应带看讲房。经纪人可以依次带看讲房多套房源。讲房时微笑问候，主动介绍房源小区环境、户型特点、装修、配套的特色亮点等，对于客户的提问耐心回答并给出专业性意见。

（2）在线沟通洽谈步骤：推荐房源→介绍购房政策及贷款政策→拟定置业计划→约定成交。

（3）洽谈注意事项：

1）气氛营造应该自然亲切，掌握火候；

2）个人的房源资料和销售工具准备齐全，以随时应对客户的需要；

3）主动地介绍房源卖点；

4）了解客户的真正需求，了解客户的主要关注点；

5）注意判断客户的诚意、购买能力和成交概率。

2.5 必备业务知识

1. 好的户型要素

（1）入口有过渡空间，即"玄关"，便于换衣、换鞋，避免一览无遗。

（2）平面布局中应做到"动静"分区。动区包括起居厅、厨房、餐厅，其中餐厅和厨房应联系紧密并靠近住宅入口。静区包括主卧室、书房、儿童卧室等。若为双卫，带洗浴设备的卫生间应靠近主卧室。另一个则应在动区。

（3）起居厅的设计应开敞、明亮，有较好的视野，厅内不能开门过多，应有一个相对完整的空间摆放家具，便于家人休闲、娱乐、团聚。

（4）房间的开间与进深之比不宜超过1：2，过于长条的户型不太容易介绍，可以考虑建议进行装修分割。

（5）厨房、卫生间应为整体设计，厨房不宜过于狭长，应有配套的厨具、吊柜，应有放置冰箱的空间。卫生间应有独立可靠的排气系统。下水道和存水弯管不得在室内外露。

2. 房屋分摊面积与得房率

（1）房屋分摊面积，指分摊的公共建筑面积，包括：公共走廊、门厅、楼梯间、电梯间、候梯厅等。

（2）房屋得房率。房屋得房率=套内建筑面积/商品房的销售面积。

1）商品房的销售面积=套内建筑面积+分摊的公用建筑面积；

2）套内建筑面积=套内使用面积+套内墙体面积+阳台建筑面积。

3. 多人带看讲房

（1）多人带看讲房，指多个经纪人服务1个客户看房。针对客户来的人比较多、客户有跳单意向、客户不好把握的情况下选择多人带看讲房。

（2）多人带看的好处。客户来人比较多，一人无法很好地照顾每一个客户；针对有跳单意向的客户，多人带看可以更好地服务双方，一方面服务业主，另一方面服务客户；对房子疑问较多的客户，可以选择请师傅或者商圈经理帮忙，同时可以学习别人是怎样回答客户疑问的。

2.6　必备业务要领

1. 房价谈判技巧

买房子不是越便宜越好，关键是要看性价比，也就是说是否物有所值、价格合理。客户看中某一房屋后，经纪人应当耐心为其对同一区位、同等档次楼盘的性能进行比较，有比较才有选择。如客户对有意购买的几套房产进行性能与价格的比较时，讲房价：

（1）首先要弄清每套房报的价格到底是什么价，有的是整套价格、有的是套内建筑面积价格，最主要的是应弄清（或换算）所选房屋的实际价格。

（2）房屋出售时是"毛坯房""粗装修"还是"精装修"，也会对房屋的价格有影响，比较房价时应考虑这一因素。

（3）当几套房产"站到同一起跑线上"后，要帮助客户首先可以将大大超过预算和性能不佳的剔除，然后再综合比较。

（4）一般来讲，性能越好的楼盘越贵，此时就需要冷静分析：哪些性能是必需的，哪些性能对客户无用，对于那些只会增加房价的华而不实的卖点性能一定要果断"割爱"。

2. 容易忽视的讲房内容

（1）住宅设备，包括管道、抽水马桶、洗浴设备、燃气设备等。主要应注意选择这些设备质量是否精良、安装是否到位，是否有方便、实用、高科技的趋势。若经纪人在这方面有不太了解的问题要仔细询问原业主使用情况与禁忌，莫要信口开河。

（2）环保与节能。环保与节能也是卖点，如采取了冬季保温和夏隔热、防热及节约采暖和空调能耗的措施——屋顶和西向外窗应采取隔热措施；住宅外墙应有保温、隔热性能，如外围护墙较薄时，应加保温构造等。

（3）住宅隔声。住宅应与居住区中的噪声源，如学校、农贸市场等保持一定的距离。

（4）住宅结构。介绍房产时尽量专业，如住宅的结构类型——目前常见的住宅结构有砖混结构和钢筋混凝土结构。

1）砖混结构的主要承重结构是黏土砖和小部分钢筋混凝土构件，只适用于多层住宅，它的优点是造价低，保温、隔热性能好，便于施工。缺点是房屋开间、进深受限制，室内格局一般不能改变，墙体结构占据空间过多，整体性、耐久性较差。

2）钢筋混凝土结构适用于中高层住宅，其中高层住宅以全现浇剪力墙结构为佳，多层或小高层、高层住宅常用的有框架结构、大模结构、大板结构等。

总体说来，钢筋混凝土结构抗震性能好，整体性强，防火性能、耐久性能好，室内格局较砖混结构灵活。但这种结构的施工难度相对较大，结构造价也相对较高。以上的说明将为客户展示经纪人的专业，并容易获得信任。

2.7 任务拓展

讲解房屋面积卖点时因人而异：

（1）消费者被误导面积越大越好。随着小户型热潮的兴起，商品房的套内面积稍稍降了一些，但是许多客户仍然认为住房面积越大越好，似乎小于 $100m^2$ 的住宅就只能是梯级消费的临时过渡产品。甚至一些经济适用房也名不副实，大户型、复式户型盖了不少，致使消费者也被误导，觉得大面积、超豪华的住宅才好用。

（2）面积过大未必好。面积过大的住宅，人在里面并不一定感觉舒服。从经济上考虑，不仅购房支出大，而且今后在物业等方面的支出也会增加。

（3）住宅档次的高低其实不在于面积的大小。有专家认为，三口之家的面积有 $70{\sim}90m^2$ 就基本能够满足日常生活需要，关键的问题在于住宅是否经过了精心设计、是否合理地配置了起居室、卧室、餐厅等功能，是否把有限的空间充分利用了起来。

所以，经纪人在讲房时，在面积的建议上，要准备几种说法，根据客户的需求，从不同的角度去引导。

任务 3　在线签约

3.1 任务情景

孙 ×× 按照师傅传授的在线约看方法约看了几天客户，又跟师傅学习了几天"在线讲房"。虽然孙 ×× 现在还不能够熟练讲房，但也不感觉陌生了。幸运的是，孙 ×× 前期搜集的房源，有两套被客户看中了，一套是出租房源、一套是出售房源，这两天可能就要签约了，孙 ×× 很激动。

王 ×× 也挺高兴的，告诉孙 ×× 今天开始练习"在线签约"，力争尽快拿下几单交易。

"在线签约"是"工作领域 5　线上约看讲房与签约"的最后一个任务。孙 ×× 表示很有信心完成这一新任务。

3.2 任务分析

在线签约任务内容主要有 2 项：

（1）房屋租赁签约；

（2）协助房屋买卖签约。

3.3　任务流程

在线签约任务流程有 5 个步骤：

（1）工作准备；

（2）租赁合同内容沟通与确认；

（3）租赁合同签约；

（4）协助房屋买卖合同内容沟通与确认；

（5）买卖合同签约基础工作。

3.4　任务实施

1. 工作准备

（1）签约前的物品准备。准备《房屋租赁合同》或《存量房买卖合同》、笔、计算器等。

（2）签约前几天，预约提醒交易双方。约定双方签约时间和地点。

（3）租赁签约前的备件告知。

1）业主必备。房产证、身份证、房屋共有人委托书等。

2）客户必备。身份证。

（4）签约室环境美化，提前通风或开空调。

2. 租赁合同内容沟通与确认

（1）浏览合同条款，尤其是租金总额、支付方式。

（2）有异议的地方，现场沟通解决，达成共识。

（3）根据双方共识，修订租赁合同，最终确认。

3. 租赁合同签约

（1）核实双方备件。核实业主备件、核实客户备件。

（2）签署房屋租赁合同文本。双方签字，必要时加按个红手印。政府规定房屋租赁必须登记备案的同时，适时推出了房屋租赁合同的示范文本。房屋租赁合同的内容须具备以下条款：

1）当事人姓名或者单位名称及住所。

2）房屋的坐落、面积、结构、附属设施及设备状况。

3）租赁用途。房屋的租赁用途指房屋的使用用途，一般按房地产权证上载明的用途使用，未经有关部门的批准，承租人不得擅自更改租赁房屋规定的使用用途。

4）房屋交付日期。

5）租赁期限。应设定租赁期限，同时还应注明，如续租，应在届满前提出，并重新签订租赁合同。

6）租金及支付方式和期限。含违约逾期支付时如何处理。

7）房屋的使用要求和修缮责任。房屋的修缮责任一般由出租人承担，但双方另有约定的除外。

8）房屋返还时的状态。一般要求恢复原状。

9）违约责任。

10）当事人约定的其他条款。

在上述条款中，租赁期限、租赁用途、租金及交付方式、房屋的修缮责任是《中华人民共和国城市房地产管理法》规定的必备条款。房屋租赁合同示范文本在我国各个地区都不太一样，可参考所在城市房地产主管部门的规定。

（3）物业交割

房主、客户、经纪服务人员三方携带租赁合同附件，清点屋内设施，并且试用设施，抄清楚水表、电表、煤气表的度数，交钥匙。

（4）房屋租赁登记备案。

（5）签约后维护。做成交记录，跟进维护。

4. 协助房屋买卖合同内容沟通与确认

（1）浏览合同条款，尤其是房款总价、支付方式。

（2）有异议的地方，现场沟通解决，达成共识。

5. 买卖合同签约基础工作

（1）签约前一天，提醒客户。

（2）检验客户签约所需资料。资料有：

1）身份证。

2）户口本原件。若是家庭，将一家户口本带上，包括户主，妻子，孩子。若是集体户口需带户口本首页（加盖红章）及个人页。

3）结婚证。

4）纸质详细版征信报告。

5）购房人银行流水单。

6）购房人公积金缴存单。

7）带好已盖章的收入证明。月收入需满足所购房屋月供的 2.1 倍。

8）认购时开发商所给的一切材料。如认购书、发票、交款凭证等。

（3）核对合同中客户个人及所购房屋信息。

（4）讲解并指引签订《房屋买卖合同》。签约基本流程：认购审核通过后，邀约客户携带相应资料和款项来签约→填写会签单和相关表单，计算首付、贷款等→由按揭机构先签署贷款协议，确认可贷→客户确认会签单信息，并交由后台和销售经理审核、确认→网签录入合同，核验卡内余额无误→客户交款，出具发票，打印正式网签合同并签署。

3.5　必备业务知识

1. 租赁业务特点及流程

（1）租赁业务的特点

1）短。客户找房周期短；客户考虑时间短；交易流程周期短。

2）频。客户与业主的消费频次高；经纪人带看频次高。

3）快。形成带看快、斡旋市价快、促成签约快。

（2）租赁业务的流程

1）房客源开发。利用3种渠道（店面接待、社区驻守、接听），开发房源和客户。

2）需求理解。了解客户租房动机，业主出租需求。

3）匹配。了解需求后，为房找客，为客找房。

4）带看。匹配成功后，带客户实地看房。

5）交定金。客户对房子有意向，交定金。

6）签约。客户及业主均满意，在店面签合同。

7）物业交割。最后一步：陪同交接水、电、燃气费等。

8）成交后维护。成交后做好感情维护。

2. 房屋租赁合同与买卖合同区别

（1）租赁合同是出租人与承租人签订的，用于明确租赁双方权利义务关系的协议，是出租人在一定期限内将房屋转移给承租人占有、使用、收益的协议。

（2）房屋租赁合同与买卖合同区别，见表5-1。房屋买卖合同是将房屋的占有、使用、收益、处分等权利转移给买受人，而房屋租赁合同是将房屋转移给承租人占有、

房屋租赁合同与买卖合同的区别　　　　　　　　　　　　　　表5-1

	买卖合同反映内容	租赁合同反映内容
权益	转移房屋占有、使用、收益、处分权利给买受人	转移房屋占有、使用权给承租人；承租人没有房屋的处分权
收益	原房屋所有人获取房屋价款	房屋所有人获取房屋租金收益
合同完结	买卖交易完成，房屋与原所有人的关系宣告结束	租赁期满承租人须将房屋归还出租人

使用并取得收益，而房屋仍属出租人所有，承租人不能对房屋行使处分权，租赁期满承租人就必须将承租房屋归还出租人。

3.6　必备业务要领

1. 对于业主出租房屋在意的地方跟进服务

（1）业主出租房屋在意的地方。

1）出租价格越高越好。

2）租客质量高，爱惜房屋。

3）省心出租。

（2）对于业主在意的地方，经纪人跟进服务。

1）实地评估、了解房源；抓住优势，迅速传递。

2）多带看，筛选优质客户。了解客户情况，为业主把关。

3）收钥匙；业主省心快速出租。

2. 对于客户租房在意的地方跟进服务

（1）客户租房在意的地方。

1）房租便宜。

2）房源真实，可看多套。

3）付款省心。

（2）对于客户在意的地方，经纪人跟进服务。

1）了解房屋情况。协助沟通业主，尽量避免涨价。

2）保证真房源。提供更多房源选择，多为客户匹配房源。

3）了解业主收款条件；过程节点及时告知。

4）全程陪同物业交割，租住期间避免打扰。

3. 经纪人对客户 / 业主的服务流程

经纪人对客户 / 业主的服务流程，如图 5-2 所示。

3.7　任务拓展

1. 合租与整租

（1）合租，指至少两人（可能为陌生人）一起承租一套房子，各占单间的租赁形式。合租需要共同使用客厅、卫生间、厨房等公共空间，租房产生的费用由合租人一起分摊。合租是比较常见的居住方式，产生的主要原因在于房租过高，一个人或一个家庭难以负担。

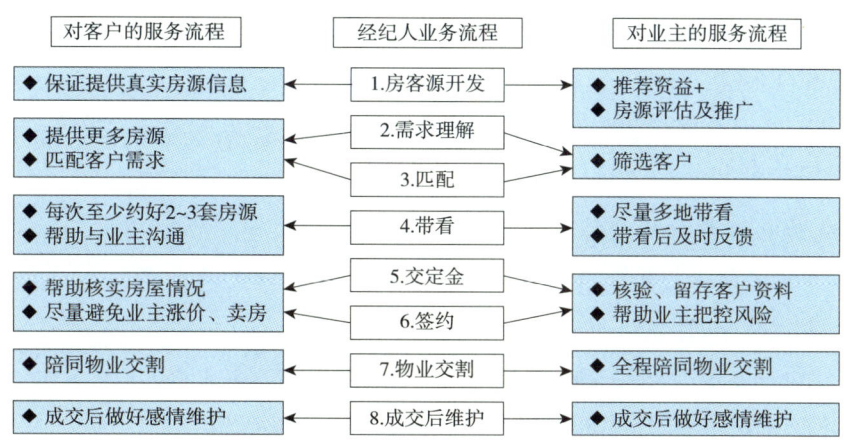

图 5-2　经纪人对客户／业主的服务流程

（2）整租，指一套房子无论几居室，均由一个人承租，租房产生的费用均由租房者给付的租房形式。

2.合租的优劣势

（1）合租的优势

1）合租的最大优势是居住成本低，租金由多个承租人共同承担，水、电、燃气等费用也由合租者一起分摊。

2）平时生活琐碎可以和合租者共同商量，有人做伴不孤单。

3）单身女性合租可以降低安全隐患。

4）结合工作地点，老牌热门区域附近的一居室往往一房难求，合租反而更容易解决居住问题。

（2）合租的劣势

劣势主要体现在生活习惯的不同，尤其跟陌生人合租，个人生活习惯、卫生习惯的不同，公共区域的使用，水电费分摊都容易产生矛盾。比如，作息时间不一致可能导致睡眠质量差，公共区域使用权分配不合理导致无人主动清扫。

3.整租的优劣势

（1）整租的优势

1）整租的最大优势是拥有独立的生活空间，私密性较好，可以随时使用卫生间、厨房，节省时间成本，没有合租带来的一系列问题，也可以根据自己的喜好布置房子；

2）整租的舒适度要大于合租，资金充足的情况下，多数人会选择整租。

（2）整租的劣势

1）整租的最大劣势是费用无人分摊，费用比合租高。在工作地点周边找合租房和整租房，成本可能相差几千元；

2）相对而言，整租更需要考虑安全性，尤其对于单身女性整租一居室，要警惕非法分子尾随入室。

3.8 综合实训

3.8.1 成功电话拨打与演练

1. 成功电话的三必做

（1）制定有序的计划。

1）给每一位客户／业主制定打电话周期，有序电话、避免骚扰；

2）每天确定一个固定打电话的时间，长期坚持形成习惯。

（2）在拨打电话之前，要做好充足准备。

1）积极的心态；

2）充分的信息。

（3）掌握正确拨打电话的流程。

2. 特殊情况，巧妙应对

（1）遇到没耐心的客户

1）应主动表示歉意，毕竟是我们打扰了客户；

2）正确面对客户抱怨，我们也抱怨过别人的打扰；

3）绝不与客户发生冲突。

（2）遭到客户拒绝时

1）不要和客户纠结在一个问题上，巧妙回避类似问题；

2）弄清楚客户拒绝的原因，主动给出信息，继续和客户交流；

3）主动表示歉意；

4）面对拒绝，乐观心态。

经纪人必须应付自如，调节好心态，才能顺利地工作。

3.8.2 门店线上约看讲房与签约

1. 实训内容

演练 1　客户线上约看；

演练 2　在线讲房；

演练 3　在线签约。

2. 实训作业文件

门店线上约看讲房与签约总结报告。

 **小结**

　　线上约看讲房与签约工作领域主要有三个工作任务。"任务1　客户线上约看"的任务是与客户线上预约、线上带看、带看过程信息整理；根据任务内容设计任务流程；根据任务流程逐步开展任务实施；介绍了客户线上约看必备的业务知识和必备的业务要领，并围绕客户线上约看任务拓展了相关知识、技巧和经验。"任务2　房源在线讲解"的任务是制作讲房VR/AR语音、在线VR/AR语音讲房、在线沟通讲房；根据任务内容设计了任务流程；根据任务流程逐步开展任务实施；介绍了在线讲房必备的业务知识和必备的业务要领，并围绕在线讲房任务拓展了相关知识、技巧和经验。"任务3　在线签约"的任务是房屋租赁签约、协助房屋买卖签约，设计了任务流程，开展任务实施，介绍了必备的业务知识和必备的业务要领，并拓展了相关知识、技巧和经验。最后，安排了成功电话拨打与演练和门店线上约看讲房与签约综合实训，形成最终的门店线上约看讲房与签约总结报告。

 思考题

1. 如何开展客户线上约看？
2. 如何进行在线讲房？
3. 如何进行在线签约？

 技能考核点：客户线上约看及房源在线讲解

考考核内容：房源在线讲解。

考核标准：1. 客户线上约看成功率；

　　　　　2. VR带看步骤熟悉程度；

　　　　　3. VR房源讲解，判断标准：

（1）房源优势、房屋基本情况、社区配套情况，房源卖点是否讲解到位？

（2）带看过程是否有互动？

（3）语音清晰、语调抑扬顿挫、语言专业。

技能鉴定方法：参照考核标准进行打分鉴定。

06

工作领域 6　服务品质管理

 工作领域描述

　　服务品质是房地产经纪业务的生命。房源真实是确保房地产经纪服务品质的坚实基础，客户满意是经纪服务品质的重要体现。所以，服务品质管理是房地产交易服务的核心业务环节，是经纪服务人员的重要工作领域，需要具备相应的工作技能。

 工作领域内容

　　1.房源真实性核查；
　　2.带看和租赁满意度调查；
　　3.客户投诉预防。

 工作技能要求

　　1.能够理解房地产经纪服务职业标准和工匠精神；
　　2.能够进行房源真实性核查；
　　3.能够开展客户带看和租赁满意度调查；
　　4.能够进行客户投诉预防；
　　5.能够撰写服务品质管理总结报告。

任务 1　房源真实性核查

房源真实性核查以贝壳找房平台为例。

1.1　任务情景

孙 ×× 在师傅王 ×× 的指导下训练了一周多线上约看讲房与签约，学会了很多房地产交易知识，其间实践了多个客房源的约看、讲房、匹配及租赁签约等服务工作过程。孙 ×× 进一步理解了房地产经纪服务职业标准和工匠精神；能够进行客户线上约看；能够进行在线讲房；能够进行在线签约。

王 ×× 看到孙 ×× 的门店线上约看讲房与签约总结报告，比较满意，认为他在"工作领域5　线上约看讲房与签约"的技能培训达到了要求。

孙 ×× 感到这段时间的门店训练，从社区调研到房源客源搜集再到讲房签约，涉入经纪服务的内容越来越多，越来越难，越来越辛苦，收获也越来越大，也独立促成了 2 单租赁签约，体会到存量房经纪业务比入职前的想象有意思多了。但是，孙 ×× 也深感自己还有很多东西不熟悉，促成的租赁交易也有很多碰运气偶然性的成分，心中感到底气不足。看到师傅的业务一单连着一单，每个月都是硕果累累，心中非常佩服，深感他恒久的骄人业绩绝不是碰运气得来的。

王 ×× 似乎看出了孙 ×× 的心思，告诉他做经纪业务是一个长期实践、长期总结、长期积累、长期沉淀的过程，只有付出千辛万苦，才能百炼成钢。

按照技能培训计划，孙 ×× 开始进入"工作领域6　服务品质管理"的训练。王 ×× 告诉徒弟，服务品质管理的首要任务就是"房源真实性核查"，房源真实是经纪服务的生命。

1.2　任务分析

房源真实性核查是经纪服务品质管理的核心内容，主要是核查公司正在上市推广的房源的操作过程的真实可靠性，确保经纪服务质量。与购房者核实房源的真实性内容和方法不同，其实，购房者核实房源的真实性内容，房地产经纪机构在房屋实勘查验的时候就已经全部核实过了。房源真实性核查任务内容主要有 6 项：

（1）核查真实在售（租）；

（2）核查真实委托；

（3）核查真实地址；

（4）核查真实电话；

（5）核查真实价格；

（6）核查真实照片。

1.3　任务流程

房源真实性核查任务流程有8个步骤：

（1）工作准备；

（2）核查真实在售（租）；

（3）核查真实委托；

（4）核查真实地址；

（5）核查真实电话；

（6）核查真实价格；

（7）核查真实照片；

（8）综合评价房源真实性。

1.4　任务实施

1. 工作准备

（1）心态准备。房源的真实性不能道听途说。如果不是很专业，不容易区分真假房源。

（2）资料准备。房屋查验记录的资料、房主提供的资料等。

2. 核查真实在售（租）

（1）房源录入"保存"成功前，产权人／代理人明确表示该房源出售／在租。

1）核查确定代理人身份。依据为建立有效委托代理关系，且必须明确委托授权范围，包括代理人有权出售／出租该房屋及签署相关协议。

2）核查"有效委托代理关系"。包括有效委托代理协议，或其他能证明有效委托代理关系的凭证，包括房产证、与房产证匹配的身份证、结婚证／配偶证明、同一户口本／直系亲属证明、业主短信／微信确认等。

3）核查出售／出租需求备案。运营序列或其直系亲属有出售／出租需求，在委托后需上报员工本人商圈经理／店长／店东以及委托区域商圈经理／店长／店东处备案。

（2）核查房源发布成功。房源录入"保存"成功后，房源真实在售／在租。

3. 核查真实委托

核查建立真实有效的委托关系：

（1）与产权人／代理人签署有《出售／出租委托协议》。

（2）或留存产权人／代理人有效报盘凭证，包括：与系统内产权人／代理人电话号码匹配的微信／短信、业主端 APP 确认。

4. 核查真实地址

（1）对于已获得房屋权属证明的房源，在内网作业系统中的地址与产权地址或实际物理地址一致；

（2）对于未获得房屋权属证明的房源，在内网作业系统中的地址与《出售／出租委托协议》上的对应地址一致；

（3）对于未获得房屋权属证明或《出售／出租委托协议》的房源，在内网作业系统中的地址与产权人／代理人确认的地址一致。

5. 核查真实电话

（1）行为核查。必须录入产权人或代理人本人的真实有效的联系电话。正确行为要求：

1）录入系统的电话号码必须都是真实有效、可接通的；

2）如果系统内录入多个电话，其中一个已失效（空号／停机／错误），经纪人必须在知晓后 1h 内删掉已失效的电话号码或修改正确；

3）如果同一套房源经纪人获知到两个或以上的联系电话，必须在知晓后 1h 内录入内网作业系统；

4）产权人或代理人电话必须录入内网作业系统中第一个电话位置，其他联系人电话（如租客、看房联系人等）可录入内网作业系统，但只能录入"其他联系人电话"位置；

5）对于"产权人不具备房源处置权限"的房源（如法院拍卖房），必须录入有权处置该房屋的联系人或与其建立了有效委托代理关系的代理人的电话。

（2）禁止行为

1）禁止录入空号、停机等其他无效的电话；

2）禁止仅录入租客或看房联系人的电话；

3）禁止录入未建立有效委托代理关系的非产权人／代理人的电话；

4）禁止录入 400 等虚拟或转接电话；

5）禁止以"业主不希望被打扰"等理由，以房源端经纪人／商圈经理／大区总监等运营序列员工或其直系亲属的电话代替产权人／代理人电话录入内网作业系统。

6. 核查真实价格

真实价格，即经产权人／代理人确认且同意出售／出租的最新普适报价。核查真实价格来源依据正确。

（1）"产权人 / 代理人确认"的价格，满足以下其一即可：

1）与产权人 / 代理人签署《出售 / 出租委托协议》；

2）留存产权人 / 代理人有效调价凭证，包括：与系统内产权人 / 代理人电话号码匹配的微信号 / 短信、业主端 APP 确认；

3）经纪人与产权人 / 代理人的 400 语音跟进方式明示价格。

（2）"同意"的出售 / 出租的最新普适报价，即产权人 / 代理人同意：

1）内外网系统对浏览客户呈现的价格；

2）推荐房源或客户线上 / 线下咨询时，经纪人告知客户的价格；

3）带看时，经纪人告知客户的价格；

4）带看后客户有意向时，经纪人告知客户的价格；

5）如果产权人 / 代理人的报价有附加条件，必须在跟进中注明，且经纪人需告知客户；

（3）"最新"，即产权人 / 代理人同意出售 / 出租的最新价格，其认定依据为：

1）产权人 / 代理人因调价而重新签署的书面委托协议或与经纪人微信短信要求（或答复）调价的图片凭证；

2）如产权人 / 代理人向经纪人以 400 语音 / 微信短信 / 口头方式表达最新的出售 / 出租价格，经纪人须在知晓后 24h 内修改内网作业系统价格并获取调价凭证；如该经纪人非维护人，需 24h 内在内网发起调价并获取调价凭证或写文字跟进并确认维护人修改，说明价格变更。

7. 核查真实照片

（1）核查"房源照片"真实准确，依据"房源照片"的具体规则，贝壳找房平台以 CTO 线如视运营中心发布的贝壳房源实勘审核规范的最新版本为准，即：

1）房源照片必须是本房源的真实照片；

2）禁止使用效果图，禁止虚构、合成房源照片；

3）禁止将同一张相同照片上传至系统内多个位置，恶意侵占实勘业绩。

（2）核查"户型图"真实准确，依据"户型图"的具体规则，贝壳找房平台以 CTO 线如视运营中心发布的贝壳房源实勘审核规范的最新版本为准。"户型图"必须是本房真实的户型图，不可以是极似 / 反户型图。

8. 综合评价房源真实性

通过核查，如果房源处于真实在售（租）、真实委托、真实地址、真实电话、真实价格、真实照片，那么该房源就是真实性房源。如果有一个方面不真实，则会严重影响房源的真实性，严重影响经纪服务品质，必须立即进行整改，以确保房源的真实性。

1.5 必备业务知识

1. 购房者核实房源的真实性方法

（1）要求出卖人提供合法的证件，其中包括产权证书（房屋所有权证和土地使用权证）、身份证件、资格证件以及其他相关的证件。此处要注意的问题是：产权证上的房主与卖房人是否是同一个人；产权证所确认的面积与实际面积是否相符；确认二手房的性质，是已购公房、经济适用房，还是商品房；代理委托书是否有效；共有房屋出售是否有共有人的同意出售证明书等。

（2）向有关房产管理部门查验所购房产产权的来源和产权记录，包括房主、档案文号、登记日期、成交价格等。

（3）查验房屋是否有债务负担。在房屋产权记录中只记录了房主拥有产权的真实性以及原始成交情况，至于该房屋在经营过程中是否曾经发生过债务和责任，则需要查验有关的证明文件，主要包括抵押贷款的合同和租约；另外，还要详细了解贷款额和偿还额度、利息和租金的金额。

2. 售房者房源核验方法

（1）售房者需携带身份证和房屋所有权证前往当地的房管局申请办理房屋产权核验，并填写《存量房房源核验申请表》。如果售房者是委托中介机构进行房源核验的话，则需要在签订合法有效的委托书之后，将资料交给中介人员，由他们在网上申请房源核验。

（2）房管局的工作人员受理了申请之后，会在一定的时间内对该房源进行审核，看看房源是否真实，房屋产权是否存在问题等。

（3）审核通过之后，系统会自动生成房源编号和验证码，工作人员会将它们告知给售房者，售房者可用编号和验证码在城乡住房建设的官网上进行结果查询。

（4）如果房源没有任何问题，售房者便可以自行选择是否发布信息。若是委托中介机构进行办理的话，系统会自动发布房源信息。

1.6 必备业务要领

1. 真房源录入与核销——以贝壳找房平台为例

（1）房源录入时效，指经纪人在获取房源委托信息后，必须在1h内录入内网作业系统。但是，在录入内网作业系统前，不得进行任何房源推广、带看、收定金等业务动作。

（2）房源录入类型。作业的类型，主要是房源的交易权属或房屋用途。

（3）房源核销时效。对于满足必须核销条件的房源，经纪人必须在知晓房源符合核销条件后 1h 内发起核销申请，且商圈经理 / 店长 / 店东必须在 24h 内核销完毕。相关认定标准如下：

1）核销完毕的标准为在内网作业系统中状态变更为"已失效"；

2）"经纪人知晓"包括系统消息、任务推送、其他经纪人录入内网跟进、APP 业主端行为、客户举报或其他任何线下渠道等方式获知。

2. 必须核销的房源——以贝壳找房为例

（1）不符合录入条件的房源。以品质线业务监察中心合规规则部发布的《贝壳存量房屋交易业务管理规定》的最新版本为准。

（2）明确取消委托意向的房源。主要有：

1）产权人 / 代理人明确表示已由其他经纪公司成交并签署合同；

2）产权人 / 代理人明确表示已自行成交；

3）产权人 / 代理人明确表示不再出售 / 出租；

4）产权人 / 代理人明确表示拒绝本经纪公司出售 / 出租。

（3）地址错误或电话错误的房源。

1）房源的物业地址录入错误；

2）所有联系方式均为空号或连续三个自然日内均为停机，且任何人通过内网联系方式与产权人 / 代理人均无法取得任何有效联系。

（4）禁止核销的房源。禁止核销符合公司准许作业的类型，且产权人 / 代理人明确表示在售 / 在租，物业地址正确、电话号码有效的房源。

1.7　任务拓展

经纪服务品质把控方法——以贝壳找房为例，包括：

（1）真实房源。真实房源是经纪服务品质的核心。

（2）数据支撑。平台具备业主、客户、房地产经纪人、房源、平台之间深度连接产生的海量的数据，房屋数据库形成房屋数据的智能采集、动态实时更新、智能校验、信用评估的智能化工作流程。

（3）验真系统。验真系统对房源的上架、展示、下架进行全生命周期管理，并在 7×24h 实时循环验真，从技术保障和规则机制上确保真房源落地。

（4）更新维护。针对疑似问题房源，平台通过系统调度房地产经纪人及时对静态和动态信息进行维护更新，确保平台真房源管理的有效性。

（5）平台监控。为保证品牌及其门店的投诉处理质量，平台对投诉量、投诉率、投诉处理率、投诉完结率、投诉处理满意度等服务指标进行监控，见表 6-1。

平台对经纪服务指标的监控　　　　　　　　　表6-1

指标属性	指标名称	内容说明
平台监控 （统计周期：90d）	投诉量	投诉类工单量
	投诉率	投诉量 / 成交单量（用户提交的总订单量）
	24h 处理率	24h 处理量（给到用户解决方案）/ 投诉量
	7d 完结率	投诉 7d 完结量 / 投诉量
	15d 完结率	投诉 15d 完结量 / 投诉量
	处理满意度	投诉处理满意量 / 投诉量
	非一次性解决率	大于 2 次来电用户数 / 总来电用户数

任务 2　带看和租赁满意度调查

2.1　任务情景

孙 ×× 今天早早地就到了门店，按照技能培训计划，孙 ×× 开始进入"工作领域6　服务品质管理"的任务 2"带看和租赁满意度调查"的训练。王 ×× 告诉徒弟，今天这项训练能够有助于从客户的角度提高带看和租赁的服务品质。

2.2　任务分析

带看和租赁满意度调查任务内容主要有 2 项：

（1）带看满意度调查；

（2）租赁满意度调查。

2.3　任务流程

带看和租赁满意度调查任务流程有 5 个步骤：

（1）工作准备；

（2）确定调查内容、对象和方法；

（3）带看满意度调查；

（4）租赁满意度调查；

（5）调查总结。

2.4　任务实施

1. 工作准备

（1）带看客户名单准备。

（2）租赁成交客户名单准备。

（3）物料准备。包括交通工具（如电动自行车）、通信、录音工具（如 5G 手机），以及纸笔、记录本、名片等。

2. 确定调查内容、对象和方法

（1）确定调查内容。调查主要是了解顾客对经纪人带看服务的满意度情况；了解顾客对经纪人租赁服务的满意度情况，以查找经纪服务的不足之处，改进服务质量，提高顾客满意度。

（2）确定调查对象。从带看过的客户中、租赁成交的房主中、租赁成交的租客中挑选一些有代表性对象开展调查。

（3）确定调查方法。通常采用的方法主要包括三种：

1）电话调查。这是一种最常用的顾客满意度数据收集方法，方便也节约时间，可以交流很多内容，全方位了解顾客的感受、意见和建议。

2）线上线下问卷调查。这也是一种常用的调查方法。顾客从自身利益出发来评估经纪人的服务质量和满意水平。同时也允许被调查者以开放的方式回答问题，从而能够更详细地掌握他们的想法。

3）深度访谈，是与客户一对一面对面沟通交流。实施典型用户深度访谈，可以弥补电话回访和问卷调查存在的不足。深度访谈在交谈过程中提出一系列问题，用以探知客户对某些服务细节的看法，或做出某种行为的原因，想方设法让客户畅所欲言，从中发现重要的信息。

3. 带看满意度调查

（1）预约准备是否讲清楚看房的详细安排，是否备齐看房指南针、卷尺、鞋套、黑色笔、计算器、委托书、房型图、商圈资料单等物料。

（2）房源安排是否符合要求。

（3）时间安排是否恰当。

（4）看房线路安排是否合理。

（5）看房过程讲解是否能够听明白。

（6）带看交流与衔接是否顺心。

（7）问题解答是否到位。

（8）带看后服务跟进是否及时。

（9）线上看房讲房是否专业等。

4. 租赁满意度调查

（1）房主满意度调查

1）带看过程是否感到被过度打扰。

2）成交时间是否达到预期。

3）成交价格是否达到心理价位。

4）租客是否是符合自己预期。

（2）租客满意度调查

1）带看过程是否专业贴心。

2）成交时间是否达到预期。

3）成交价格是否符合心理价位。

4）租住体验是否符合自己感觉。

5. 调查总结

（1）对所有调查对象的态度、回答、意见、建议进行整理、归类。

（2）对整理、归类的调查资料进行分析，找出带看满意度、租赁满意度低所存在的不足要素和原因。当然，对顾客普遍满意的地方也要分析总结，以沉淀优秀的服务环节，进一步提升服务品质。

（3）失去顾客分析。竭尽全力探讨分析失败的原因：是价格太高，服务有缺陷，还是经纪人不可靠等。

（4）改进建议。在对收集的顾客满意度信息进行科学分析后，经纪人就应该立刻检查自身的工作流程，立即开展自查和自纠，找出不符合顾客满意服务的流程，制定服务的改进方案，以达到顾客的满意。

2.5 必备业务知识

顾客满意度调查：

（1）顾客满意度，是指顾客对产品或者服务的需求或期望已被满足的程度的感受。满意度是顾客满足情况的反馈，它是对产品或者服务性能，以及产品或者服务本身的评价，是一种相当、低于或者超过满足感的心理体验。

（2）顾客满意度调查。测量顾客满意度的过程就是顾客满意度调查。找出那些与顾客满意或不满意直接有关的关键因素，根据顾客对这些因素的看法而测量出统计数据，进而得到综合的顾客满意度指标。

2.6 必备业务要领

选择调查对象要有代表性：

（1）面要广。经纪人在确定调查的对象时往往只找那些自己熟悉的老顾客（忠诚顾客），排斥那些可能对自己不满意的顾客，这样获得的信息就是"一篇赞歌"，满意度亮眼，但得不到更全面真实的信息反馈，不利于改进工作，提高服务品质。所以，选择调查对象面一定要广，形形色色的各类代表性的客户都需要有。

（2）量要够。如果顾客较少，应该进行全体调查。为获得较完整的信息，必须要保证样本足够大，但同时兼顾到调查的费用和时间的限制。这样就能够获取更详细的资料，找出规律性的东西来，改进工作，提高服务品质。

2.7　任务拓展

房地产经纪企业重视满意度调查数据分析：

（1）房地产经纪行业是典型的现代服务业，很多房地产经纪企业都建立健全了满意度分析系统。将更多的顾客资料输入数据库中，不断采集顾客的有关信息，并验证和更新顾客信息，删除过时信息。同时，运用科学的方法，分析顾客发生变化的状况和趋势。研究顾客消费行为有何变化，寻找其变化的规律，为提高顾客满意度和忠诚度打好基础。

（2）顾客满意度数据的分析可以提供以下有关方面的信息：

1）顾客满意；

2）与服务要求的符合性；

3）过程和服务的特性及趋势，包括采取预防措施的机会；

4）持续改进和提高经纪服务的过程与结果；

5）不断识别顾客，分析顾客需求变化情况。

任务 3　客户投诉预防

3.1　任务情景

孙 ×× 在师傅王 ×× 的指导下跑了几天的带看和租赁满意度调查，获取了大量客户反馈信息。

王 ×× 看到孙 ×× 提交的"带看和租赁满意度调查总结"，非常满意，今天就又给孙 ×× 布置了"客户投诉预防"的任务，针对前面分析总结的客户不满意因素，找出改进措施，提前预防客户投诉。这是"工作领域6　服务品质管理"的最后一个任务。孙 ×× 表示很有信心完成这一"客户投诉预防"的新任务。

3.2　任务分析

客户投诉预防任务内容主要有 2 项：

（1）分析常见投诉问题；

（2）制定实施预防措施。

3.3　任务流程

客户投诉预防任务流程有 5 个步骤：

（1）工作准备；

（2）分析常见投诉问题的原因；

（3）制定预防投诉发生的措施；

（4）实施投诉预防措施消除投诉隐患；

（5）效果评价。

3.4　任务实施

1. 工作准备

（1）带看和租赁满意度调查总结报告；

（2）带看和租赁服务标准；

（3）电脑与分析软件。

2. 分析常见投诉问题的原因

用户常见的投诉原因，主要从以下 5 个方面来分析：

（1）经纪业务服务标准执行方面。经纪人没有严格遵从从业规范及服务标准，因服务瑕疵给用户带来直接或间接的利益损失。

（2）信息披露规范执行方面。经纪人没有及时、真实披露交易关键信息，导致用户判断失误造成直接或间接的利益损失。

（3）风险把控规范执行方面。经纪人服务的专业性不足，为交易双方把控风险不规范，给用户造成直接或间接的利益损失。

（4）合同签署服务标准执行方面。经纪人没有严格执行合同签署服务标准，合同签订不完整或无效，给用户带来直接或间接的利益损失。

（5）服务意识规范执行方面。经纪人在服务过程中服务意识不强，不重视服务细节和品质，导致用户消费体验和感受较差。

3. 制定预防投诉发生的措施——以贝壳找房为例

（1）严格执行经纪业务服务标准措施。应遵从从业规范及服务标准，避免因服务瑕疵给用户带来直接或间接的利益损失。

1）对用户提供的任何信息，包括个人隐私信息、商业信息及财产安全信息，必须谨守保密原则，即使在服务终止后，仍要继续保密，不得擅自将委托人提供的资料公开或者泄露给他人，不对委托人构成电话或者其他行为的骚扰。

2）经纪人应当对卖方提供优质、高效的服务，妥善管理委托房产，保障委托人相关权益。

①房源录入人需经委托人同意后方可发布房源信息。禁止为了获取房源委托、获取房源业绩或促成成交而隐瞒实际行情、故意抬高或压低房屋价格。房源录入人应准确录入委托类型、委托来源、物业地址、业主姓名、联系方式等信息。

②房源维护人应及时维护卖方房屋建成年代、房屋用途、装修情况、是否出租、是否为满五唯一、产权性质、过户指导价、发房屋登记日期及其他更详细的房屋信息，并保证信息准确披露。房源维护人未与房源委托人达成一致的情况下，不得擅自修改房源信息，或将房源信息从外网下架。

③房源实勘人在进行实勘及带用户看房时，需提前获得业主或租户同意，约定好时间并准时到场，避免迟到或爽约。房源实勘人应保证房屋面积、户型、结构、朝向及房屋、小区外景等实勘图片真实。

④委托备件人应与委托人签署出售/出租委托协议、收取产权人身份证明复印件和房屋权属证明复印件，并保证证件真实、有效。

⑤房源钥匙人应妥善管理委托人委托的房产及钥匙，不得自己或准许他人在接受委托或带看等场景下存取或使用房产及室内设施等（如在房屋内住宿、使用洗手间等），不得私配钥匙，经纪人应妥善管理及尽力防止可预见的意外或损失发生（如下雨未关窗等）。

3）经纪人应当对买方提供真实房源信息，不得对交易的关键信息存有夸大、不实或隐瞒的情况，不得联合交易一方欺瞒另一方。

①发布房源信息时，需确保房源信息真实，并客观描述房源信息，不得夸大或隐瞒，包括物理信息、交易相关信息及业主出售意向、价格等动态信息。

②向用户披露市场信息时，应该确保信息的客观、真实、完整、可靠，不捏造散布虚假或未经证实的市场信息、政策信息，不制造市场紧张气氛。

③经纪人不得利用虚假的房源、客源、价格等信息引诱用户。

④针对房源是否可带看的信息，经纪人不得做不实告知。

⑤带用户看房时，应约定好时间并提前5~10分钟到场，避免迟到或爽约。

（2）严格执行信息披露规范措施。经纪人应当及时、真实披露交易关键信息。品牌或门店及其经纪人在接受委托后，有义务将交易信息披露至委托人，保障信息透明。

1）一般信息披露

①接受委托后应明确告知委托人可选择的服务类型、对应的居间服务内容及完成标准、一般交易流程、收费标准；

②应当根据委托人的意向，及时、全面、如实地向委托人报告业务进行过程中的市场行情变化、洽谈机会及其他有关交易的情况，不得故意隐瞒与交易有关的重要事项。

2）交易风险信息披露

①房源维护人需对应知或经过正常核实应知的房屋问题进行确认，并告知用户，避免用户利益受损，包括但不限于：

A.嫌恶设施：飞机场、加油站、高压电站、垃圾处理场、工厂、墓地/殡仪馆、凶宅房源信息；

B.房屋主体或设施纰漏、隐患：房屋漏水，裂缝、违建等；

C.房屋相关资金风险：房源抵押、查封、冻结、物业欠费、户口；

D.用户/业主的不良信用情况：如有大额欠款等。

②成交经纪人有义务将签约及交易中存在的风险信息披露至交易双方或在签约前签署相应的风险告知文件；

③成交经纪人需同维护人共同对房屋主体或设施纰漏、隐患承担披露义务及同等赔付责任；

④成交经纪人应竭力确保签约后交易顺利履行，最大限度提早通知交易双方当前进度及下一步流程，提供给交易双方最准确的交易细节及资料。

3）利害关系披露

①经纪人本人及家庭参与买卖/租赁业务时，应向交易对端披露自己的职业身份；

②经纪人不得居间操作本人及直系亲属（父母、配偶、子女）、男女朋友及其作为代理人买卖/租赁房屋的业务。"不得居间操作"指不得在交易中担任除"房源录入人"之外的任何角色；

③经纪人担任房源录入人以外的角色，且涉及房屋利害关系，如果想购买该房源，须将现有角色转让给其他人后，再进行交易。

（3）风险把控规范。经纪人应发挥自己的专业性，为交易双方把控风险，避免损失。

1）经纪人在承接经纪业务时，应当发挥专业知识和经验，对房屋、卖方和买方的情况进行尽职调查，把控交易风险。

①房源维护人在接受房源委托后，最晚在大额定金交付前，有义务尽全力调查房屋的产权状况和实际物理状况，不得为禁止交易的房屋提供服务。

②房源维护人有义务核实委托人的房屋处置权，包括但不限于委托人的身份证明、

委托出售或出租房屋的权属证明和房屋所有权人的身份证明等，确保房屋可上市交易无纠纷，确保委托人对房屋享有完整的处置或支配权。

③成交经纪人应确认买方符合限购政策要求，保证买方具备相应购房资质。如遇连环单买方暂无资质的，买卖双方需签署《换房后取得资质的声明》。

④成交经纪人应确认买方信用状况，确保买方具备贷款资质及贷款能力。

⑤成交经纪人应协助交易双方在交房前结清水、电、气、物业管理费等费用，进行物业交割，保障物业交割顺利完成；应协助交易双方户口迁移，保障户口迁出及迁入顺利完成。

2）门店及其经纪人在承接经纪业务时，应根据交易双方实际情况对定金、房款的交付额度和方式提出合理建议，把控资金风险。

①应根据交易流程要求，推荐交易双方通过资金监管等方式来避免资金风险，最大程度保证交易资金安全。

②经纪人不得经手任何交易资金，包括意向金、定金、房款、税费、服务费、保证金等。

③若交易中存在风险，应基于专业知识和经验给予交易双方正当、合理的风险防范措施或补救措施，以求将交易风险或损失降至最低。

（4）合同签署服务标准。经纪人应确保合同签订完整、有效。

1）门店及其经纪人在接受委托提供房地产信息、实地看房、代拟合同等房地产居间服务时，应与委托人签订书面房地产居间服务合同，并确保所有与交易相关的协议按照贝壳找房平台的签约规范通过书面或电子协议的方式进行签约。

2）门店经纪机构提供代办贷款、代办房地产登记等其他服务的，应当向委托人书面说明服务内容、收费标准等情况，经委托人同意后，另行签订合同。

3）门店及其经纪人承接代拟合同等经纪服务时，应确保买方、卖方以及经纪方三方透明签约，不吃差价。

4）门店及其经纪人承接代拟合同等经纪服务时，应确保合同签订完整、有效。

①如代拟合同为一式多份的，应保证多份合同内容一致。

②应保证合同内容填写使用清晰明了的语言，规范地填写合同内容，完整地描述条款、条件、各方权利义务及承诺、违约责任等，不得填写无法兑现的条款，不得不填、漏填合同条款，避免任何一方的口头承诺或约定未写入合同文本中。

③当合同到期或约定的条款、条件、各方的义务及承诺发生变化，或在合同签订后有补充的，需及时签署合同变更协议，保持书面协议和实际情况一致。

5）对影响后续交易的合同关键条款，经纪人需准确解读并确保用户理解一致，在三方无异议后方可签字盖章确认。

（5）服务意识规范。经纪人应当保持良好的服务态度，迅速妥善处理纠纷。

1）门店及其经纪人在服务过程中应保持良好的服务态度和服务意识，重视服务细节和品质，最大程度上保障用户消费体验和感受。

①文明：品牌或门店及其经纪人在服务中应保持良好态度，禁止威胁、辱骂、骚扰等不文明行为，签约前后态度保持一致。

②主动：品牌或门店及其经纪人应主动响应、督促并协助交易双方，及时跟进并反馈业务进度，直至交易结束，不得拖延办理时间，推诿办理责任；经纪人应该以提醒、督促、陪同等方式保证合同协议条款按期执行。一旦发现任何一方做出有违合同约定的行为，应该及时向买卖双方进行提醒，提示违约责任。

③认真：品牌或门店及其经纪人在服务过程中应细心认真，避免出现如提醒不及时、提醒信息错误、丢失资料、丢失钥匙、忘关门窗、忘关水龙头等服务问题。

④诚信：品牌或门店及其经纪人应按服务规范履行服务义务，不得随意承诺无法履行之事，不得恶意欺瞒交易双方。

⑤专业：品牌或门店及其经纪人应掌握良好的业务知识，基于业务知识和岗位职责为交易双方提供专业化的经纪服务，避免因业务知识欠缺影响交易流程、进度。

2）门店及其经纪人在面对服务过程中的争议和纠纷时，应及早发现、立即响应、及时备案、积极跟进、妥善解决，若发生用户投诉，应积极配合平台方处理投诉，不使纠纷进一步扩大化，共同寻求保障交易双方最佳利益的解决方案。

4. 实施投诉预防措施消除投诉隐患

（1）宣传动员，提高服务意识；

（2）加强培训，提高服务技能；

（3）立即行动，实施投诉预防措施，消除投诉隐患。

5. 效果评价

（1）投诉减少。投诉减少包括投诉量减少和投诉率降低。

（2）业绩改善。业绩改善包括投诉处理率完结率提高、带看与成交业绩提高。

（3）满意度提升。满意度提升包括非投诉业务满意度提升和投诉业务处理满意度提升。

3.5　必备业务知识

1. 定期评价与监控房地产经纪服务全过程提高客户服务质量

（1）收集客户反馈信息资料，整理归纳客户信息，编制客户意见表。

（2）评价与监控服务质量。根据服务标准和顾客满意度或客户意见，评价与监控客户服务质量。

（3）分析影响客户服务质量的原因。主要原因有专业技能、服务标准、服务机制以及敬业精神。

（4）提高客户服务质量。根据评价与监控结果和原因，采取相应方法措施，主要有培训客服人员、优化服务流程、改进管理等，提高房地产客户服务质量。

2. 新房带看服务要点

（1）新房带看前，经纪人应与购房者约定好时间并提前5~10min到达约定地点，不得迟到或爽约。

（2）经纪人在与案场进行确客报备时，需提前与案场人员确认到达案场的时间，避免出现让购房者现场空等的情况发生。

（3）经纪人带看的楼盘与购房者的需求楼盘相匹配，避免出现购房者的枉跑情况，如带看楼盘中途有调整变化，需在得到购房者同意的前提下，方可继续。

3.6　必备业务要领

1. 经纪人通过完善自己提高客户满意度

（1）赢取客户的信任

1）打牢客户信任的基础，做到诚实、诚信、坚持、公平、尊重他人。

2）增强客户信任的四个方面：

①增强声誉的力量。包括公司的声誉、团队的声誉和个人的声誉。

②增强专业的力量。让自己变得更专业，对社区知根知底、讲盘如数家珍、服务无瑕疵、规避风险、对房源有足够的理解并为之行动。同时，让客户感受到专业的方法。

③增强激情的力量。注重沟通传达的态度、语言的表达、非语言表达。

④增强连接的力量。培养并建立与客户连接的感情和友爱。

（2）提供愉悦的服务

1）了解客户对于服务的认知。包括客户对服务的感知评价、客户对于服务的价值评价、客户在哪些方面评价经纪服务。

2）把控好服务的关键时刻。包括服务流程、客户的购买流程以及服务流程的转变。

（3）妥善的处理问题。及时杜绝客户的不满；有效应对客户的异议。

2. 经纪人留住客户的常用方法

房地产客户有可能会重复交易，而且相对于获取新的客户而言，保持客户的成本要比吸引新客户低得多，因此房地产经纪人员要通过满足和超过客户需求来留住他们。

可以从以下 6 个方面入手：

（1）提供个性化服务。要想留住客户必须为客户提供迅捷、满意的服务，这就要求房地产经纪服务人员要掌握专业的知识，熟悉市场，了解客户需求。研究分析成交客户资料成为获取成功的有效途径。

（2）正确处理投诉。对投诉的正确处理也相当重要，可以将因失误或错误导致的客户失望转化为新的机会，并显示房地产经纪企业诚信经营和为客户服务的品牌形象。即使问题不是由经纪企业过错造成的，企业也应该及时作出解释，如果能帮助客户解决就更好了，可以给客户留下良好的印象。

（3）建立长久的合作关系。对于机构客户，在房地产营销中，房地产经纪服务人员通常可以通过介入开发商的项目前期运作，与开发商形成稳定的纽带关系，成功的项目合作可与开发商形成长久的合作伙伴关系。对于个人客户，要根据客户价值，挑选出最有价值的个人客户，建立长期合作的关系。

（4）加强人际交往，与客户积极沟通。房地产经纪企业的沟通对象包括开发商、业主、购买者和承租人等，经纪企业要与他们进行积极的、及时的沟通。

（5）拜访顾客。能够拟定拜访计划、适时拜访客户。

（6）复杂客户关系处理方法。采用顾问式服务法，用专业技术、情感和真诚留住客户。

3.7 任务拓展

1. 房地产客户服务人员品格素质要求

（1）忍耐与宽容是优秀客户服务人员的一种美德。忍耐与宽容是面对无理客户的法宝，客户服务人员需要有包容心，要包容和理解客户。真正的客户服务是根据客户本人的喜好使其满意。客户的性格不同，人生观、世界观、价值观也不同。即使这个客户在生活中不可能成为你的朋友，但在工作中他是你的客户，你甚至要比对待朋友还要好地去对待他，你要有很强的包容心，因为这就是你的工作。

（2）不轻易承诺，说了就要做到。客户服务人员不要轻易地承诺、随便答应客户做什么，这样会给自己的工作造成被动。但是客户服务人员必须要兑现自己的诺言，一旦答应客户，就要尽心尽力地去做到。

（3）勇于承担责任。客户服务人员需要经常承担各种各样的责任和失误，出现问题的时候，不能相互推卸责任。

（4）拥有一颗谦虚之心。客户服务人员要求有很高的服务技巧和专业知识，但不能去卖弄，不能把客户当成傻瓜。

（5）拥有博爱之心，真诚对待每一个人。

（6）强烈的集体荣誉感。客户服务强调的是一种团队精神，需要有团队集体荣誉感。

2. 客户服务人员技能素质要求

（1）良好的语言表达能力。良好的语言表达能力是实现客户沟通的必要技能和技巧。

（2）良好的人际关系沟通能力。良好的人际关系沟通能力可使跟客户之间的交往变得更顺畅。

（3）良好的倾听能力。良好的倾听能力是实现客户沟通的必要保障。

（4）熟练的专业技能。熟练的专业技能是客户服务人员的必修课。

（5）丰富的行业知识及经验。丰富的行业知识及经验是解决客户问题的必备武器。

（6）思维敏捷，具备对客户心理活动的洞察力。

（7）专业的客户服务电话接听技巧。

（8）优雅的形体语言表达技巧。

3.8　综合实训

1. 实训名称

门店服务品质管理。

2. 实训内容

演练1　房源真实性核查；

演练2　带看与租赁满意度调查；

演练3　客户投诉预防。

3. 实训作业文件

门店服务品质管理总结报告。

 小结

服务品质管理工作领域主要有三个工作任务。"任务1　房源真实性核查"的任务是真实图片、真实存在、真实在售以及真实价格核查；根据任务内容设计了任务流程；根据任务流程逐步开展任务实施；介绍了房源真实性核查必备的业务知识和必备的业务要领，并围绕房源真实性核查任务拓展了相关知识、技巧和经验。"任务2　带看和租赁满意度调查"的任务是带看满意度调查、租赁满意度调

查；根据任务内容设计了任务流程；根据任务流程逐步开展任务实施；介绍了客户满意度调查必备的业务知识和必备的业务要领，并围绕客户满意度调查任务拓展了相关知识、技巧和经验。"任务3　客户投诉预防"的任务是分析常见投诉问题、制定实施预防措施，设计任务流程，开展任务实施，介绍了必备的业务知识和必备的业务要领，并拓展了相关知识、技巧和经验。最后，安排了门店服务品质管理综合实训，形成最终的门店服务品质管理总结报告。

思考题

1. 如何进行房源真实性核查？

2. 如何开展带看和租赁满意度调查？

3. 如何进行客户投诉预防？

07

工作领域 7 社区服务运营

 工作领域描述

　　社区是房地产经纪业务的源泉，社区服务能够使房地产业务源泉永不枯竭。社区服务是房地产经纪服务的基本功，是赢得社区支持确保房地产经纪服务品质的基础工作。所以，尽管社区服务不是房地产交易服务的核心业务环节，但同样是经纪服务人员的重要工作领域，需要具备相应的工作技能。

 工作领域内容

　　1. 社区服务活动策划与实施；
　　2. 社区连接与维护。

 工作技能要求

　　1. 能够理解房地产经纪服务职业标准和工匠精神；
　　2. 能够进行社区服务活动策划；
　　3. 能够开展社区服务活动；
　　4. 能够进行社区连接与维护；
　　5. 能够撰写社区服务总结报告。

任务 1 社区服务活动策划与实施

1.1 任务情景

孙 ×× 在师傅王 ×× 的指导下按计划完成了服务品质管理训练任务，学习并深化了很多岗位知识，能够理解房地产经纪服务职业标准和工匠精神；能够进行房源真实性核查；能够进行带看和租赁满意度调查；能够进行客户投诉预防。王 ×× 看到孙 ×× 的实训报告，认为他在"工作领域6 服务品质管理"的技能培训达到了要求。

按照技能培训计划，孙 ×× 开始进入"工作领域7 社区服务运营"的训练。王 ×× 告诉徒弟，社区服务表面看起来与业务没有直接关系，但社区服务实际上是房地产经纪业务的根，是赢得社区支持确保房地产经纪服务品质的基础工作。孙 ×× 非常认同师傅的教诲，很想通过"任务1 社区服务活动策划与实施"的训练提高自己的社区服务能力。

1.2 任务分析

社区服务活动策划与实施任务内容主要有 2 项：

（1）社区服务活动策划；

（2）社区服务活动实施。

1.3 任务流程

社区服务活动策划与实施任务流程有 5 个步骤：

（1）工作准备；

（2）服务社区的定位；

（3）服务社区的意识；

（4）社区服务活动策划；

（5）社区服务活动实施。

1.4 任务实施

1. 工作准备

（1）足够了解社区。详细了解社区区域及楼盘、社区人群及居住情况、社区配套设施、社区文化特点、社区内现有的组织等。

（2）自我形象塑造。要时刻保持职业的形象，展现个人魅力，打造一个属于自己的形象标签，努力将个人形象转变成声誉。

（3）活动物料准备。社区服务会开展多个社区活动，需要按活动分别准备活动物料。

2.服务社区的定位

房地产经纪人服务活动一刻也离不开社区，服务社区的定位：

（1）工作在社区；

（2）生活在社区；

（3）服务于社区；

（4）依赖于社区。

3.服务社区的意识

经纪人开展社区服务，需着眼于中长期的收益，不要以太强的功利心态开展服务，否则不仅会影响居民感受，带来适得其反的效果，自己也会因短期无法获得业务回报而失去社区连接的热情和信心。需要树立以下服务社区的意识：

（1）自尊自重，做大家都夸赞的社区一份子。

（2）我们不仅是致力于解决一种需求，而是致力于完善一个个生活场景。

（3）我们与客户不仅是一种交易关系，更是一种邻里关系。

（4）致力于长期服务一个社区。

（5）我们卖的不仅是房子，更是一种生活。

4.社区服务活动策划

（1）策划社区公益类活动，包括爱心图书馆、老人手机课堂（健康讲座）、高考休息站等。

（2）策划社区便民类活动，包括跳蚤市场、爱心理发、快递代收、社区团购、房屋义诊等。

（3）策划社区文体类活动，包括社区英语角、棋类比赛、社区运动会、儿童绘画比赛、广场舞比赛、露天电影院等。

（4）策划社区节日类活动，包括元旦、春节、儿童节亲子活动、中秋节、端午节、母亲节等特色活动。

（5）策划社区共建类活动，包括垃圾分类知识分享活动、治安联防、文明宣导、大地美容等。

（6）策划社区业务渗透类活动，包括房地产交易讲座、真房源、安心服务承诺等。

5.社区服务活动实施

（1）社区公益类活动实施

1）爱心图书馆。时长1~2天。预算100~200元（小礼品）。场地：门店、社区活动中心、社区空场。

图书来源：主要通过社区内集中募捐和门店接收两种方式进行筹集。所有店面均为线下图书捐赠接收点，经筛选后的合规图书将捐赠至缺少图书资源的偏远地区的贫困小学，用来建立爱心图书馆。

图书要求：适合5~12岁孩子阅读的儿童书籍；图书无破损、无污渍；教材类图书、使用过的教辅类图书不接受捐赠；内容积极向上，血腥、暴力、惊悚等类型图书不接受捐赠；需要的图书类型：故事类、科普类、教育类、工具类、其他。

活动流程：

①接收爱心图书并对捐赠图书的居民表达感谢；

②向捐赠图书的居民介绍爱心图书馆是为贫困地区小学捐赠图书；

③为方便向捐赠图书的居民同步最新的捐赠进展，可邀请他们关注公司公益订阅号了解更多项目信息；

④向捐赠图书的居民赠送爱心图书馆感谢卡；

⑤按照要求筛选、整理图书，将整理好的图书妥善保存于店面；

⑥对图书进行统计，汇总至某一门店，社会责任部门将安排汇总。

2）老人手机课堂。旨在通过组织定期的手机培训及日常手机使用到店咨询答疑，帮助社区老人学会生活相关的智能手机功能。时长1~3个月为一个周期，开班每周1次或双周1次，每次2个小时。预算500元（小礼品）。场地50~100m²（社区活动室）。

活动筹备：

①社区居委会确认活动时间及周期、学员人数；

②社区居委会提供活动场地，场地要求有网络和投影；

③社区居委会进行招生，并通知首次课程时间；

④门店完成讲师及志愿者培训并提前做好备课，准备学员学习手册。

活动流程：

①经纪人为现场学员赠送学习手册；

②经纪人讲师为学员授课（60~90min）；

③首次课堂结束后，由社区领导牵头建立手机班"微信群"，便于日常学习交流。

（2）社区便民类活动实施

1）跳蚤市场。每个家庭在家中都会有很多闲置物品，扔掉可惜，留着无用，可以通过售卖或者物物交换的方式，继续发挥闲置物品的价值。门店和经纪人可以扮演协调者的角色，通过建立微信群的方式实现物品置换，也可以集中组织线下活动。时长2~3h。预算800~1000元（小礼品）。场地100~200m²（社区广场最佳）。

活动筹备：

①门店联系小区管委会/居委会/物业等相关部门，申请活动场地；

②市集活动的人气很大程度上取决于现场的卖主是否足够，需要提前3~5天开始征集报名。可制作DM单，并通过社区群、居委会群等渠道宣传；

③同时建立跳蚤市场微信群，用户进群后，管理员应讲述活动的相关细则（摊位面积、交易类别等）。

交易说明：

①交易方式为卖家自行定价交易，或物物交换；

②推荐交易品类为图书、服饰、体育用品、电子产品、生活娱乐、家具家电等。

活动流程：

①进场签到、登记分配摊位；

②介绍相关规则，并宣布自由交易时间开启；

③公布当日交易收入最高业主，赠送奖品。

2）爱心理发活动。为社区居民尤其老年人群提供方便，让社区居民感受到来自企业的关爱和温暖。时长2~3h。预算500元（理发师工时费）。场地20~50m²（社区广场最佳）。

活动筹备：

①门店联系小区管委会/居委会/物业等相关部门，申请活动日场地，一般不在室内进行，尽量在社区广场等空间较大的场地；

②前期联合社区做好活动的宣传；

③理发师提前一天联系并确认行程，活动当天需提前至少10min到场。

活动流程：

①场地布置并准备物料（号码牌、公益背心）；

②向居民发放号码牌，组织社区居民理发；

③维持现场秩序。

3）快递代收。门店开展快递代收业务，是一种高频长期性的社区连接服务。由于各城市和门店的情况差异性较大，这里呈现的是散收模式——即以门店为单位自主与快递员沟通达成合作，服务于所在社区的居民。

门店筛选：与核心社区距离不超过300m，且门店有足够空间放置快递架。

操作步骤：

①经纪人主动告知快递员，门店可以免费代收快递，并通知社区居民可以将快递放入门店；

②安置好快递架或货物摆放区域，进行定期清扫和消毒；

③快递员（需征得业主同意）将快递放置到门店，摆放整齐；

④快递业务员每次来登记信息（物流名称、派送员姓名、电话、快件编号等），店面方便查看确认订单；

⑤业主到店取件，需核对清楚姓名及快递编号。

（3）社区文体类活动实施

1）社区英语角。不少家长在周末希望能带孩子参与寓教于乐的活动，学习成本较高的英语学习是一个很好的选择。如果门店有英语好的同事，可以作为活动的指导老师，否则可以考虑邀请英语老师或者英语比较好的业主担任此角色。时长 1~2h。预算 900 元（英语老师酬劳、儿童小礼物）。场地 20~50m^2。

活动筹备：

①门店联系小区 / 居委会 / 城管等相关部门，申请活动日场地（视社区条件而定，广场、门店内、门口等）；

②英语角活动是面对面活动，经纪人需要联合社区一起，提前邀约社区小朋友（至少邀约 10 名以上的 5~12 岁小朋友，以保证活动效果）；

物料提前准备：

①移动音箱 1 个，2 个话筒；

②展架 1 个，宣传社区公益英语角 + 二维码；

③灯箱 1 个，闪亮吸引人群；

④活动奖品小糖果 20 个，与小孩互动，吸引参加；

⑤动漫气球 15 个，门店经纪人与小孩互动礼品；

⑥ KT 板 2 个，活动结束后与小孩们合影留念；

⑦教学卡片若干，包括各类型的互动教学卡片。

2）棋类比赛。常见的棋牌活动在社区有较大数量的兴趣人群，门店可以组织社区居民参与棋牌类比赛，拉进和居民的距离。时长 5~6h。预算 200~500 元（奖品等）。场地 50~100m^2（活动室或活动广场）。

活动筹备：

①确定场地，有条件的社区可协调活动室，没有条件可选择社区广场或门店；

②需居民提前报名参加，可挖掘社区周围的棋友，进行定向拉人；

③购置相关比赛用品（象棋、五子棋等）。

活动流程：

①由裁判（门店工作人员）宣读比赛规则；

②象棋比赛区域：每桌由一位裁判负责比赛环节；

③五子棋比赛区域：每桌由一位裁判负责比赛环节；

④颁奖环节：比赛结束后，请居委会及门店商圈经理/大区总监为获奖者颁奖，合影并为所有参赛人员颁发纪念品。

（4）社区节日类活动实施

1）新年联欢活动。春节是居民最为关注的节日，也富含很多的传统民俗，门店可以组织送春联、挂灯笼、包饺子等活动，吸引居民参与。此类活动形式简单，有助于经纪人走进社区、走近居民。时长2h。预算600元（物料及零食）。场地为社区广场冬天阳光充裕的地方。

玩法规则：

①到场居民可以参与猜灯谜和写对联，对联采用让居民自己来临摹描红的形式（书法零基础的人也可以写）。一是能让居民从中感受到自己DIY的乐趣；二是由居民自己书写出来的新年希冀也更有意义。

②志愿者邀请获得对联的居民从百福图中挑选一个"福"字书写，送给门店。

③门店收集这些"福"字集成福图收藏或展示。

④现场将各种小零食礼品送给居民。

活动筹备：

①现场设立架子和绳子（挂对联和灯谜），需桌子与易拉宝若干；

②手写对联材料、写福材料、新年贺卡若干；

③糖果、水果等各种小礼品若干；

④需提前与社区联系，确定场地的使用权和使用时间；

⑤活动不需要提前报名，前期做好宣传，让居民知道有这样的活动。

2）六一儿童节亲子活动。孩子往往是一个家庭的中心，儿童节是增强与社区居民熟识度的好时机。活动的选择有多种形式，绘画比赛是对孩子来说门槛相对较低、家长喜爱的形式，通过打造关于主题"家"的绘画比赛，设置丰富奖品，能够快速积聚人气，并实现企业品牌理念的有效传递。时长约半天。预算600元（物料及礼品）。场地：店门口或社区广场。

活动形式：

①活动期间线下门店提供儿童绘画角，让孩子们可以尽情发挥他们的创意和才能；

②采购相关物料（颜料、画笔、纸张等），并准备一些小礼品作为绘画奖励；

③儿童手绘带有"家"元素的内容；

④后期收集的这些画作可以在门店内展示，以及作为公众号宣传的素材。

活动流程：

①布置场地（可选在店门口或者社区人流大的广场），摆放好桌椅和绘画工具，拉好横幅和易拉宝，奖品摆放在醒目位置；

②上午社区人流量大的时候，现场邀请路过的儿童参与绘画；

③发微信给业主，邀约带儿童参与活动。

3）中秋节活动。中秋节是团圆的节日，很多社区里老人的子女不在身边，企业门店可以举办中秋节的邻里活动，有效拉近与社区居民的情感距离。时长 1~2h。预算 300~500 元（物料）。场地 50~60m^2（活动室最佳）。

活动流程：

①主持人开场及相关领导致辞；

②节目（歌舞、朗诵等）环节（可选）；

③猜灯谜环节（准备若干小灯笼，把每个灯谜谜面打印在一张纸上挂到灯笼端。如果场地不允许，也可直接用 PPT 展示灯谜内容，大家抢答，准备些小礼物作为猜对奖励）；

④ DIY 月饼制作环节；

⑤主持人提前讲好规则，工作人员铺桌布，分发月饼制作材料及保鲜袋。

活动规则：

① 3 人一组制作月饼，月饼面团及月饼各类馅提前放到干净的纸杯内，均匀分配给各组，每组材料可做 9 个月饼。

②各组一位负责做皮（用手拍成圆形，类似包子皮，薄一些），一位负责做馅（馅团成圆形），一位负责用月饼模具制作月饼。

③月饼制作完毕后，可以现场品尝一个，剩下的每人 2 个用保鲜袋带回家，给家人品尝。

（5）社区共建类活动实施

垃圾分类知识分享活动。垃圾分类的倡导和宣传，是近两年城市环境保护的重要举措，社区是最主要的落地执行的城市空间。作为社区的好邻居，经纪门店可以通过志愿组织开展关于垃圾分类的宣导和知识普及活动，配合相关行政机构的任务，助力所在社区的垃圾分类的工作落地。时长 1.5~2h（一天两场）。预算 800~1000 元（物料及礼品）。场地 30~80m^2（社区广场最佳）。

活动筹备：

①门店联系小区管委会 / 居委会 / 物业等相关部门，申请活动日场地（视社区条件而定，可多个社区合并一个场地举行）；

②门店与小区管委会/物业做好沟通，提供活动宣导文案，由管委会/物业负责人在相关业主沟通微信群里，提前3~4天进行活动宣导。

活动流程：

①居民进行签到后即可入场参与游戏嘉年华；

②参与游戏、有奖问答等，可赢得不同礼品。

活动规则：凡扫码关注公众号的居民即可获取参赛卡，进入游戏嘉年华。每获胜一个游戏，工作人员在通关卡上盖上印章，每个游戏每人只能连续玩两次。

互动游戏一：垃圾知多少？

将画有垃圾的卡片放到可回收垃圾桶、厨余垃圾桶、有害垃圾桶、其他垃圾桶里，每位挑战者随机分配8张垃圾卡片，全部放对，即为挑战成功。

互动游戏二：垃圾别跑。

按照主持人说出的垃圾类别，套中5个相应的垃圾名即为挑战成功（游戏方式同套圈圈）。游戏结束后，居民凭卡片上的印章数量，去兑奖区域领取相应数量的礼品，礼品任选。

1个小时的游戏嘉年华结束后，将场地收拾完毕，在此区域内进行垃圾分类相关知识问答。共设置10个问题，答对现场送奖品。

（6）社区业务渗透类活动实施

1）房地产交易讲座。二手房交易非常复杂，相关知识多样且丰富。门店可以组织房产交易讲座，为社区居民讲解专业的房产交易及房产法律基础知识，助力社区居民防范风险，解决相关问题，也能帮助经纪人建立潜在客群连接。时长1~2h。预算200元（课件打印及礼品）。场地30~50m²（社区活动中心最佳）。

活动筹备：

①整理房产交易的常见问题和风险；

②筛选讲师并制作课件；

③沟通协调场地；

④建群进行报名。

活动流程：

①向听课学员发放课件，由讲师授课45~60min；

②进行1V1房产问题答疑。

课件结构展示：

①房产基础知识：房产类型、土地使用权、房地产市场分级、住宅类型、商品房预售制度、建筑基础知识（使用面积、容积率、绿化率、得房率、层高）等；

②买卖交易流程整体介绍；

③贷款基础知识：各贷款方式首套和二套比例说明；

④税费相关知识普及；

⑤交易常见问题及避坑指南；

⑥经纪企业介绍：公司基本概况、安心服务承诺、十大便民服务等。

2）真房源和安心服务承诺。真房源和安心服务承诺是经纪企业对顾客的品牌服务承诺，可是对于社区市民而言，这些信息是存在距离感的。结合重阳节，加入一些特定的互动环节，并将承诺条款融合在现实案例中，加深市民对品牌承诺的落地了解，夯实经纪企业"好服务"品牌认知。时长 1.5~2h（一天 1~2 场）。预算 800~1000 元（物料/礼品）。场地 30~80m²（社区广场最佳）。

活动筹备：

①门店联系小区管委会/居委会/物业等相关部门，申请活动日场地（视社区条件而定）；

②门店与小区管委会/物业做好沟通，由管委会/物业负责人在相关业主沟通微信群里，提前 3~4d 进行活动宣导；

③门店定向邀约社区内既有客户，提前进行活动宣导。

活动流程：

①工作人员扮成链链人偶向现场居民送气球；

②引导居民参加互动游戏与儿童手工 DIY；

③主持人串场，进行有奖知识问答并抽奖。

玩法规则：现场居民扫官方微信二维码即可领取游戏券。游戏券分为正券、副券（10 张相同编号的易拉纸）。

互动游戏一：真假房源

居民凭正券参赛，现场给一真一假两个房源信息纸：一个根据贝壳网在售房源进行合情合理的真实描述，另外一个编造假房源进行描述，如"××小区（某豪宅小区）的 60m² 两居室"。参与者在 30s 内答对 2 道题即可领取奖品。

互动游戏二：历史售价猜猜猜

居民凭正券参赛。分别打印出一真一假不同时期的同小区已售房源信息纸，猜猜哪个为真。参与者在 30s 内答对 2 道题即可领取奖品。

互动游戏三：有奖知识抢答

游戏券副券为 10 张相同编号的易拉纸，主持人提出问题后，参与者将一张参赛券放入工作人员手中的 ABCD 所对应的选项托盘中。每答对一题，正确选项托盘中的所有编号均可投入抽奖箱中。所有问题回答结束后，对抽奖箱中的参赛券进行抽奖。答对越多，投入编号纸越多，最终抽大奖的几率越大。每一轮抽奖完毕，抽中的编号纸不再放回。

互动游戏四：儿童手工 DIY 互动

活动当天为重阳节，凭正券即可参与敬老 DIY 活动。现场布置桌子 2 张，椅子 10 把，提供给社区小朋友做 DIY 手工贺卡，送给重阳节你最想感谢的人。每一场 10 个名额，一天共 20 个名额。

1.5 必备业务知识

1. 经纪人开展社区服务的行业背景

经纪人开展社区服务，与行业特征有着较大的关系。房产经纪行业客单价高，又极为低频，经纪人因为交易服务所产生的社区交互较少，存在"只为一小拨人提供服务"的现实，让经纪人与社区居民的关系相对疏远，由此带来的结果是：门店和经纪人在社区中的价值认知较低，容易有很强的功利属性感知。因此，和社区周边的便利店、水果店、餐饮店这种相对高频的商业业态相比，中介门店不是那么受欢迎。

从另外一个角度来看，如果经纪人带着很强的功利性走进社区，开发房源客源，会产生很多无效沟通，容易引起对门店、经纪人和品牌的差评。这种基于业务的社区连接，更像是推销。在尚不成熟的市场里，社区摆摊式的展业仍然有一定商机价值，但在一线和强二线城市的成熟市场，价值相对较低，社区居民和经纪人的体验都不好。比如，经纪人可能会认为：一个客户和一套房源都没收到，时间都浪费了；社区居民可能会认为：××中介公司又来推销房子了，离得远一点。而向社区居民提供公益性质的服务会解决以上的问题，一个社区日常会产生很多相对高频的生活需求，如快递的临时存取、旧家具家电的维修或处置、室内的小装小修、临时产生的打印复印和手机充电、极端天气下产生的雨具借用、老年人的日常陪护、孩子放学后的临时看护和学习辅导等，这些需求都远比房产交易高频。经纪人在日常会分配一定的时间用于社区房源和客源的开发，很多人也会进行撒网式的电话营销，往往效率很低。如果拿出一定时间做社区服务，不仅可以维护老客户，也可以拓展新客户和获得房源委托。这一点上对于资源相对匮乏的新人来说，价值会更大。

此外，在社区也可以通过端午节包粽子、中秋节做月饼、儿童节亲子游戏等主题性的活动，吸引居民参与，提升互动黏性，这些也都会比直接的房源推广更受社区的欢迎。经纪人开展社区服务，还有一个比较重要的行业背景，就是房产交易市场开始变慢。随着市场的几次周期性快速增长的结束，房住不炒的观念已逐渐深入人心。房价变化成了缓坡，中国家庭也普遍不再缺房，于是买房开始从轻决策变成了重决策，客户也从马路上到了社区里。这也让获得房源委托或买房委托的信任成本变得越来越高，经纪人需要通过日常的服务连接，去不断增加社区居民的信任，从而获得更多机会。

2. 经纪人开展社区服务的价值和意义

（1）积累潜在的客群资源。用长期思维提供服务，获得未来的业务机会，实现市占率、报盘率、业务量的整体提升。

（2）获得社区管理机构的认可。通过社区活动加强与基层党组织、街道、社区居委会和物业等机构的关系，提升认可度和工作便利性。

（3）获得更高的社会认可度。公益性质的社区服务，更容易获得社区居民的赞许，"赠人玫瑰，手有余香"，也会提升经纪人的自我价值认同。如：链家经纪人普遍工作在市场相对成熟的一、二线城市，且拥有高于行业平均线的学历水平。因此在渴求精进业务能力的同时，还在寻求提升自身社会价值和弥合社会认知的错配。而众多链家经纪人的实践经验告诉我们，社区连接不仅使房产经纪服务从低频交互变成了高频交互，也让经纪人收获了最为宝贵的、来自他人的信任，而这正是当下房产经纪行业中的"稀缺品"。我们相信，在"变慢"的市场中，社区连接会成为优秀经纪人必不可少的"专业能力"。

1.6 必备业务要领

1. 社区活动常见技巧

一次成功的社区活动，除了好的内容和形式外，在前期的策划和执行时需要考虑的因素还有很多。通过对众多成功案例进行复盘，可以总结出以下经验和注意事项：

（1）礼品选择。在社区活动中，礼品对调动现场人员的参与度非常重要，但同时也需要注意礼物的设置和选取技巧。

礼品设置：设置活动礼物时，需要避免获取门槛过高，且尽量保证每位参与人都能获奖；其次，尽量减少礼品的种类和等级；如果是非比赛类活动，建议只设置一种奖品，以保证居民不会因为奖品差异引发心理落差，同时也会降低采购成本。

礼品选择：应尽量选择日常的消耗品，或者应季、应时、应节的常用品，如洗衣粉、脚垫、粽子、小电扇等；减少选择不实用的装饰类礼品。

（2）活动筹备。除了活动筹备所必需的整体设计和流程拟定外，还需要考虑时间、场地、效果、天气、分工、物料、潜在风险等相关因素。

1）时间。活动时间是影响活动效果的基础因素之一。如果未能根据活动性质选择合适的时间，就可能会影响活动的效果与参与度。例如，在夏天举办一场以社区老人为目标人群的活动，如果将时间设定在下午2~3点天气炎热时，就会影响人流量和参与度。因为老人有午睡习惯，且天气炎热容易引发中暑等症状。如果将时间改为早晨或晚上，就可以最大程度避免上述问题。

2）场地。场地选址一般可分为三类：社区活动室、门店前空地以及附近的活动广场。活动室需要与所在社区的居委会等相关行政单位进行协调，而在门店前空地和活动广场，则需按活动性质和聚集人数（一般 50 人以上，具体以当地情况而定）为界定，向所在社区的派出所进行报批报备。

3）天气。天气因素虽然不受控制，但可以尽量规避其潜在风险。除了关注天气预报之外，我们应该对可能发生的天气情况做好预案，比如提前准备好雨伞、小扇子、矿泉水等应对下雨和高温天气的情况；如遇大风天气，则需要重点注意现场物品的摆放安全，或考虑直接取消活动。

4）现场分工。很多活动，尤其是规模较大的活动，在执行现场经常问题频出。这是因为一场活动涉及设备、环节、气氛带动等多方面的问题，如果不提前做好分工并将责任落实到人，就有可能引发现场执行的混乱——经纪人不知道自己该做什么或者抢活儿干，最终会影响整个活动的体验。因此，在执行前一天，需要对人员进行细致分工，推敲每一个环节中的人员需求和责任归属。

5）宣传物料。活动中的海报、DM 单、横幅、易拉宝等宣传物料，能够较好地吸引居民参与并提升企业品牌的曝光度，但需注意品牌规范，例如企业 logo 的使用标准、位置摆放以及品牌绿色的运用等。并需维护好社区环境，海报、横幅、易拉宝等物料的摆放位置不能产生破坏社区环境或占道等问题。

2. 社区活动要点

（1）活动把控。每次活动时，大区总监或商圈经理应进行整体的宣导工作，商圈经理或项目负责人应做好活动的协调与把控。

（2）举止文明。在社区中开展活动时，要做到不扰民、不占道、及时清理活动现场。并时刻注意言行举止，做到不随地吐痰、不抽烟、不喧哗、不乱扔垃圾并随手带走杂物、保持在公共场合的友善礼貌等。

（3）组织报道。活动内容确定后，应提前与所在街道 / 居委会进行沟通，听取意见与建议。

（4）居委会沟通。居委会在社区连接中的重要性不言而喻，掌握与社区沟通的技巧与方法，是经纪人融入社区的第一步，也是做好社区工作的关键。

（5）心态管理。在社区开展公益、便民、志愿、共建等活动时，我们要有正确的心态，认清社区连接与促销、商机类活动之间的区别。投入社区施以善举，从长期看一定会助力自身的业务发展和价值成长，不应急功近利，以实现商业目标开展社区活动，比如推销房源、迫切加微信、获取房源信息等，避免产生适得其反的作用。

（6）安全管理。在组织各种社区活动时，一定要注意安全问题，例如美食节的食品安全、儿童活动中的受伤风险、老人活动时的健康安全等，都要求我们在开展活动之前做好预防工作：

1）活动前务必仔细检查相关物品、设施、场地，排除安全隐患；

2）列明活动的安全须知并告知参与者；

3）备好常见的药物和医用物品。

（7）活动推广。合理利用社区的推广资源，能够助力我们融入社区并获得认可。比如社区公告栏、橱窗、楼宇电梯、道闸、灯箱的广告位，以及居委会或物业的微信公众号、社区微信群等。

1.7 任务拓展

党建引领的社区共建。

经纪人中，一般会有多名党员，经纪企业大都建立了党支部为主的基层党组织。社区的基层党组织往往设立在社区居委会，有着加强区域化党建的需求，经纪企业基层党组织应主动对接、积极参与，加强党组织之间的合作。同时，企业党组织参与社区共建也有着充分的政策背书。党的十九大报告指出：加强社区治理体系建设，推动社会治理重心向基层下移，发挥社会组织作用，实现政府治理和社会调节，居民自治良性互动。社区建设的工作往往比较复杂，任务繁多且琐碎，对于人员编制有限的社区居委会来说是个不小的挑战。在政府方针政策的指引下，借助经纪企业这样的社会组织的力量，合力开展社区建设的工作，对于社区居委会来说，是个双赢的选择。

（1）方式步骤

1）以党支部的名义与社区居委会建立沟通，了解居委会年度重要共建的工作内容；

2）根据门店的能力、资源和时间投入程度，确定参与社区共建的活动方向；

3）与居委会签署年度共建协议，确定共建内容；

4）对门店人力资源进行排期，参与不同形式的共建活动；

5）阶段性地与社区居委会进行活动总结、复盘和下一步规划。

（2）常见共建活动类型

1）卫生治理活动。对于一些老旧小区来说，物业管理覆盖度不够，小区多有卫生死角，影响了社区居民居住环境的舒适度。经纪门店可以组织经纪人定期与社区居委会一起开展卫生治理活动，美化社区环境。

2）治安联防及社区秩序维护活动。比如一些大型活动或社会公共事件中，经纪人承担志愿者角色，比如新冠疫情期间，有大量经纪人参与社区的测温、登记以及秩序管理工作，得到了社区、政府和社会的一致好评。

3）精神文明宣导。配合年度重大节庆、活动，开展面向社区居民的宣导活动。

4）政府年度重大工作任务。比如在北京，2020年社区实现垃圾分类是一个比较重要的工作任务，经纪门店可以配合社区居委会开展垃圾分类的宣导和落地。

此外，对于经纪人中的党员来说，如有意愿长期精耕所在社区，可将党员组织关系转入社区党支部，作为社区党组织的一员参与组织生活，可以进一步增强与社区基层党组织的关系。

任务2　社区连接与维护

2.1　任务情景

孙××在师傅王××的指导下按计划完成社区服务活动策划与实施训练任务。王××看到孙××开展的系列社区服务活动，有模有样，认为他达到了社区服务活动策划与实施训练任务的技能要求。

孙××今天早早地就到了门店，按照技能培训计划，孙××开始进入"工作领域7　社区服务运营"的"任务2　社区连接与维护"的训练。王××告诉徒弟，这个任务需要超级耐心和定力，甚至坚定的信念，对经纪人是一个长期考验。这是本工作领域的最后一个任务。孙××表示很有信心经得起这一"社区连接与维护"的新任务考验。

2.2　任务分析

社区连接与维护任务内容主要有2项：

（1）疏通社区连接途径；

（2）维护社区关系。

2.3　任务流程

社区连接与维护任务流程有4个步骤：

（1）工作准备；

（2）疏通社区连接途径；

（3）平时做好社区关系维护；

（4）不断总结提高。

2.4 任务实施

1. 工作准备

（1）足够了解社区。详细了解门店所在的社区情况。

（2）物料准备。礼品、宣传品等。

2. 疏通社区连接途径

（1）与社区里的每一个触点建立联系。除了居委会、居民，社区里还有很多的触点，有些很起眼，有些可能并不起眼，但也有特殊的力量。与他们建立良好的关系对社区连接有助力作用。

1）与物业、门卫等建立联系。收物业费难是个普遍现象，经纪人可以力所能及地给予支持。为了帮助物业收费，经纪人可以跟物业方面合作：

①自己每成交一单会提前去结清物业费；

②每次过完户后也会带着新买家给物业留下联系方式；

③还会提醒租赁客户一些缴费优惠信息，可以考虑提前缴物业费。

2）与小区里水电收费员、收废品、收家具家电、疏通管道、修锁、换门窗等各类服务人员建立联系。比如，有时候小区业主会问经纪人"我家里有两个旧家具不知道往哪儿扔，你有没有收旧家具的联系方式？"经纪人应该帮助解决问题。为此，经纪人平时应尽可能存下更多服务人员的电话，以便及时给居民们提供更多便利。

3）疏通物业的方法

①首先，"没事儿多跑跑"。物业管理的商铺很多，如果不做主动交涉，日后经纪人的需求，也很难得到回应。经常去物业，在他们有需要的时候及时帮忙，熟络起来后，社区活动也更容易推进。

②其次，做社区连接时，眼里不能只有小区业主，物业工作人员也是经纪人们服务的对象。天热可送水，雨季可赠送雨衣，节假日赠送小礼物，让物业感受到我们的贴心细致。

③最后，巧妙借助业主的力量。遇上实在难以沟通的社区，可以从业主入手。业主把房子交给门店维护，经纪人自然要担当好这个责任，定期给房源做清扫。通过业主跟物业沟通，让物业了解到经纪人的服务品质，这对取得社区好感也是极有利的。

（2）运营线上社群，搭建信息交流互动便民平台。

建立社区邻居微信群是门店寻求线上化服务的路径。线下的社区公益活动只是一个方面，在和社区交互的过程中经纪人能做的还有很多，线上社群是重要的社区连接途径。

1）建立邻里微信群，运营线上社群顺应时代趋势，搭建信息交流互动便民平台，进一步维护好邻里关系。通过建立社群，把业主、潜在客户都聚集在一起，除了为大家提供一个日常交流沟通的渠道，还专门为有房产疑问需求的人群开辟出一个专门分享小区成交房屋以及小区利好和小区周边相关规划的群模块，不仅让有兴趣交流和分享的居民有了一个可以充分探讨的机会，而且能够收获专业度的好评。

2）逐一登门了解小区每家每户的成员情况，了解他们的需求，听取他们的建议。

3）真正成为社区好邻居，只要有求助，无论是一个电话还是一条微信，都会及时记录并想办法解决问题。

4）充分挖掘社群的价值：

①提升口碑。通过社群的方式来提高品牌知名度，群内每日信息的更新与反馈，让品牌融入客户日常生活，成为他们生活的一部分，从而能够更好提高品牌知名度。

②增加互动。不只是经纪人发布信息，群成员也会主动反馈需求信息，为双方搭建了良好的沟通桥梁，增强彼此互动。

③信息传播。为信息传达提供了一个畅通的渠道，让买卖双方及时了解门店与小区等信息动态，让信息更好地触达。

④倾听意见。因为社群的存在也让经纪服务人员更好地了解到了他们的真实需求，双方即时互动，大大降低以后维护的时间，提高工作服务效率。

（3）做好社区的帮手。经纪人恰如其分地帮助社区，做好社区的帮手，就能够很快得到社区各方面的认同。主要方法：

1）要对时事政策有一定了解，知道社区工作的重点方向，做到在重点工作上能给予一定的配合，让社区觉得你懂工作，才不会在之后工作中给你设置障碍。经纪人平时在学习上，要多翻阅各类能够了解政策走向的报纸文件、中央文件、政府工作报告、政策研究室报告以及区级报纸等，从中寻找社区连接的抓手，从中找到一个切入点，主动与社区沟通，要求提供帮助。

2）要主动沟通社区的工作安排。劳动节、建党节、国庆节、春节等重要节日，每年的两会、大型国际会议等重要会议，社区都会有相应的工作安排。社区希望有人能搭把手，最好是有长期的人力补充，这样经纪人就派上用场了，至少可以作为信息员。自然而然，经纪人就融入进去了，成为社区的帮手。

（4）关注社区里的老人。社区养老问题较为突出，有特殊性的老人，家庭困难的老人，残疾的老人等。慰问是最好的切入口，一是要尽可能给老人提供实际的帮助，或在传统节日送去过节礼品，或为他们送去生活物资。二是要尽可能给老人提供心理上的安慰。经常问问老人们的近况，如果需要帮忙就尽量帮忙。就这样先从社区慰问开始，居委会和社区居民看到经纪人无偿的付出，慢慢也就对经纪人有了信任感。

（5）以专业能力服务社区。门店经常会有社区的老人前来咨询房产相关的问题。经纪人可以办一次房产知识讲座，把老人召集起来集中解答问题。一是可以利用经纪人的房产专业知识，帮老人解决防诈骗的问题；二是能够给大家节省很多的时间和精力。在做其他活动时顺带普及房产知识，公益讲座没有潜在的商业利益，会让社区居民感受更好一些。经纪人可以把在店面被咨询过的问题都详细整理出来，从政策、法律和交易流程等方面着手，给讲座制作一个内容丰富的 PPT 课件。然后协调居委户的会议室，让他们来通知老人参加。之后是宣传，把活动预告发给客户业主，并在朋友圈转发，尽量扩大影响范围。培训结束后，留在现场的老人可以跟经纪人进行一对一咨询。

（6）从参与者到组织者。经纪人除了积极主动参加社区活动外，还应该提高活动能力，成为社区活动的组织者，提高对社区的价值。一般需要用三年以上的时间积累，才能有能力组织一些社区活动。可以针对社区的物质生活有保障、精神生活质量不高的居民，组织开展一些兴趣班之类的活动，如摄影、钓鱼、书友、书法等。

3. 平时做好维护

（1）走进小区做些力所能及的事情。连接社区是一个长期坚持的过程，对内要时刻保持积极正面的价值观；对外要主动沟通，热忱服务，只有"内外兼修"才能真正成为社区的好邻居。通过上述介绍的社区连接途径和社区活动类型，经纪人要经常走进小区参与社团活动 / 策划组织社区活动，甚至多管"闲事"，做些力所能及的事情。比如主动捡起路上的纸巾，帮助上了年纪的爷爷奶奶拎取重物……这些不经意的帮助都是美化社区、服务社区的最好体现。"勿以善小而不为"，懂礼貌，讲文明，热心帮助，把这样的生活养成经纪人的生活习惯。

（2）走进居民的圈子，形成有效的互动。通过上述介绍的社区连接途径和社区活动类型，经纪人平时可以做好居民关系维护，时不时地给居民点小惊喜。最好是主动走进居民的生活或娱乐健身圈子，形成有效的互动。如社区的老年人，他们大多子女不在身边，如果经纪人乐意陪老人聊天，那么就能在日常生活中逐步融入他们的生活圈子。

（3）做个生活好帮手。可以利用店面，打造品质服务的窗口。小区居民日常上班，取快递不方便，可以在门店设立专门存放点。社区附近居民在外订的水果鲜花等物品也可以放在存放点，下班路过方便取走。服务从身边小事做起，接到居民求助时及时记录并最大程度完美解决，无论事情大小，都努力做到有结果、有反馈、有交代。时间久了，经纪人争取能认出小区里的每个人，了解每一家的情况。这些细致入微的举动肯定会受到社区居民的认可。

（4）充当社区的及时雨。做温暖的人，提供有温度的服务。该出手时就出手，让服务变得纯粹点。急客户之所急，想到还要做到。做到你刚好需要，我刚好出现。如疫情期间打印店都关门了，链家经纪人主动在小区微信群，发布链家门店提供免费打印的服务，受到小区居民一致的好评。

4. 不断总结提高

（1）及时总结。经纪人给自己的定位应该是"社区服务者"，而非纯粹的"经纪人"，真诚待人，用心服务，以解决社区居民的实际困难为己任，从日常点滴做起，及时总结，不断提高社区服务水平。要记住初次与社区居民接洽时，不要单刀直入地提出自己的想法，要从社区的角度出发，多观察他们的需求，思考我们可以为他们做些什么？如人手不足，必要时我们可以为他们提供劳动力；社区卫生环境跟不上，我们可以帮他们做清扫等。以社区公益、义务帮忙作为切入口，更容易获得他们的信任与好感；建立信任是一个长期的过程，做社区连接时要严格遵守社区规定，不能功利，不要谈条件，不要总想着把业务放在第一位；居民才是连接社区的主体，要善于发现自身的优势，与居民的日常生活做结合，这样才更容易被他们接受。

（2）阶段性总结。社区服务是一项很接地气的工作，直接关系到社区居民的方方面面。尤其在当下，"认可"与"信赖"弥足珍贵，作为深耕社区的房产经纪人，经纪人应当倍加珍惜每一次为社区公益服务。每隔一段时间，如半年要进行阶段性总结，肯定成绩，找出不足，改进社区服务的方式方法，提高社区服务效果。

2.5 必备业务知识

社区连接服务的种类及方式：

房地产经纪人驻守在社区周边，每天都会与社区产生千丝万缕的联系，因此必须要对社区有足够全面的了解。

（1）社区服务的合作对象。社区不只由物理空间和社区居民构成，它还有丰富的内部肌理——管理机构、利益相关方、基本服务单位等都是社区构成的基本要素。而在诸多要素中，居委会作为社区群众的自治性组织、政府的"神经末梢"，无疑最具影响力的。其次是作为社区基层管理单位的物业，几乎存在于城市大大小小的每个社区。在居委会和物业之外，社区中往往还有业主委员会、小区底商、水电燃气收费员等利益相关方，有门卫、楼长等基层管理人员，也有开锁、磨刀、收废品、换纱窗等第三方服务人员。这些基本要素都是提高社区服务质量的合作对象。

（2）社区连接服务种类。经纪门店与社区之间，可以形成全方位、立体式的服务交互体系。在这些不间断的交互中，有的是个人自主的行动，有的是以门店团队为单位开展，也有的是由大区或公司发起，还有由党建引领的社区共建。

（3）社区连接服务方式。在社区连接服务形式上，有急人所需的点滴相助，也有以门店为基础的便民服务，还有深入社区的琳琅满目的参与式活动……不管是从哪个维度出发，以哪种形式呈现，成功的社区连接都会遵循一定的规律。可以将其总结为"社区连接的奇妙等式"：

$$社区连接 = 方法选择 \times 投入程度（资源 + 用心 + 时间）$$
$$= 社区口碑（门店 + 个人）+ 业务回报$$

在社区连接中，只有适当的方法与积极地投入，才能最终收获效果。

2.6 必备业务要领

1. 个人社区连接活动

由于社区情况不同，经纪人成熟度、资源和技能也有差异，经纪人以个体力量进行社区连接时，呈现出不同的状态：有人擅长与社区的各个触点建立紧密联系，有人着重于组织文体活动丰富社区生活，有人热心公益关爱社区老人，有人常常能帮助居民解决日常的生活问题。个人进行社区连接服务可以有以下几个有效形式和技巧。

（1）身份形象。经纪行业有一句话"你的形象价值百万"，不要忽视在社区的每一次形象露出，这是获得认可的基础。

1）着工装、戴工牌、戴司徽、衣着整洁大方，呈现良好的个人形象。

2）在不同形式的连接活动中，要注意哪些场景的形象要"接地气"，哪些场景的形象要"专业化"。尤其注意不能在需要体现专业化的时候，形象过于随意，比如在社区给居民分析市场行情、解惑房产政策时。

3）佩戴能够增加个人形象背书的荣誉徽章：如党员可佩戴党徽，其他如精英社徽章、优秀志愿者徽章、劳动奖章等。

4）重视在社区的个人宣传，例如在小区的广告位、公告栏等展位，可酌情进行社区广告等形式的个人展示，展示的视觉格式要美观，照片要清晰大方，且要符合公司的品牌规范。

5）在社区的行为举止要文明得体，避免给社区居民产生不好观感。

（2）价值创造。建立房产交易以外的服务能力，通过高频连接建立居民信任。注意日常积累废品回收、家具家电回收、管道疏通、修锁换锁、换门窗、家电维修、家政保洁等各类生活服务人员的信息和资源，以备居民寻求此类的帮助。可以以门店、商圈或大区为单位，建立优质服务者的信息库，搜集日常的居民反馈，对服务者进行评价记录，以保证给居民所推荐的服务者的高品质。也有经纪人组织社区内的物品置换、拼团团购的社群，但此类活动会消耗较大的个人精力，可以考虑以门店小组为单位开展活动。由于社群比较重运营，需注意争议的解决以及拼团商品的质量。

（3）社区活动。组织和参与文体、公益等各种形式的活动，提高社区生活幸福度。

1）进入各类社区微信群，积极参加居委会、物业组织的社区活动，支持工作的开展。注意不要在此类社群中推广房源信息，会带来负面观感，甚至会被退群。如有居民在群中咨询房产信息，可私信沟通。

2）从个人兴趣和特长出发，积极组织或参与社区的文体活动，例如乒乓球、羽毛球、篮球、足球、棋牌、摄影等，建立社区人脉。如果个人并无此方面文体特长，可以协助有社群影响力的居民牵头组织此类活动。

3）也可结合社区需求和社会热点，组织和参与环保及公益主题的活动。

（4）社区开发。利用空闲时间，在社区公共区域创造和居民的互动。在一天的特定时间里，社区的公共空间会有固定的居民聚集，有老人下棋或聊天，也有亲子、广场舞等，可以选择合适的时机参与话题的交流，或提供应有的帮助。有的经纪人比较亲切善谈，经常与社区老人们聊天、送温暖送关怀，久而久之，受到老人们的一致好评，有些甚至成为了忘年之交。

2. 用社区活动增强社区黏性

社区活动是增强社区黏性的重要方面，也是和社区居民交互的重要渠道。成功的社区连接活动经验：

（1）做公益活动出发点要"正"，要谨记"公益之心"，时刻提醒自己不能急功近利。

（2）要具备合作共赢的意识。活动的成功举办、美好社区建设都需要充分调动各方相关力量，比如社区居委会、物业管理、门卫清洁工等。

（3）做好规划，执行才能有条不紊更高效。一场成功的活动离不开周密的策划与充足准备，包括前期宣传铺垫、礼品的准备等都需要考虑到；通过社区活动参与共建和谐美好社区。

（4）活动主题要因时制宜，形式要多样。什么时间节点搞什么活动这些都是有讲究的，形式也不能太单一，否则没有吸引力。

（5）活动之后做好总结，及时总结经验，反思不足，以便指导后续工作。严格把握服务细节，用高标准严要求运营社区的服务场景，不拘于形式、勇于创新，积极寻求新技术、新手段的赋能，用这些严格甚至苛刻到极致的"魔鬼细节"为社区居民美好生活保驾护航，坚持初心，努力成为社区的一份子，为构建和谐社区贡献出自己的一份力量。

2.7 任务拓展

经纪人魏××打造社区里的个人品牌。

"因为不了解，所以不信任。在没有信任度的情况下，你做什么事情都会被认为带有目的性、功利性的。所以后来我们开始决定做什么事情的时候，如果别人有可能反感，我们就不做了。"这时的魏××打算做些什么让别人了解自己的善意。但在十年前的市场环境下，这非常难，只有积跬步才能致千里。魏××走的第一步，就是尽量让更多人认识自己。为此，他先做了两件事。

第一，每天在固定的地点，着工装、戴工牌，在小区幼儿园门口发传单。跟别人不同的是，魏××从来不会主动塞传单，而是有人咨询时才会介绍。那时的他可能是发传单最少的，但回报却是最多的。"一定要坚持住，一两个月是看不到什么回报的。当时有一位客户咨询了之后，大概一年半以后给我打了电话说'魏经理，我的房子要卖。'"同时，他还会在幼儿园门口跟家长们聊天，尽量拉近与他们的距离。虽然这些家长来自各行各业，可能在某个领域拥有丰富的专业知识，但在房屋信息量上还是跟自己有差距。魏××就根据他们的兴趣进行沟通，并保持较高的信息交互频率。长期的非功利性的沟通，让他在这些家长中留下了良好的印象。

第二，要打造个人品牌和个人形象。天热时，很多经纪人不愿意穿长袖正装。但那时魏××不管天气多热都会穿正装，并一直随身佩戴工牌，一有空就到社区里跟叔叔阿姨们聊天。在魏××看来，这些都是塑造个人品牌的必要条件。"去安检或者去什么地方的时候，有工牌、有照片，就表明这人是链家的，检查的力度就小了。"社区居民对这名经纪人的信任也在一次又一次的交互中逐渐建立起来。

现在，魏××已经融入很多社区居民的家庭。请他到家里吃饭，有急事儿第一时间想到他，甚至让他帮忙接送孩子等，这些与社区居民的深层交互在他身上越来越多。他认为，这是社区居民已经接纳你的表现。社区服务队也好，快递也好，信任是前提。要不然很多人会问你送快递是不是免费的，是不是快递公司给你钱了，是不是有利益关系。这就需要我们不仅要长期坚持，而且要注重我们不是以商业利益为前提的。这就会让我们逐渐树立起公益的形象。

2.8 综合实训

1. 实训名称

门店社区服务。

2. 实训内容

演练 1　社区服务活动策划与实施；

演练 2　社区连接与维护。

3. 实训作业文件

门店社区服务总结报告。

 小结

　　社区服务工作领域主要有两个工作任务。"任务 1　社区服务活动策划与实施"的任务是社区服务活动策划、社区服务活动实施；根据任务内容设计了任务流程；根据任务流程逐步开展任务实施；介绍了社区服务活动策划与实施必备的业务知识和必备的业务要领，并围绕社区服务活动策划与实施任务拓展了相关知识、技巧和经验。"任务 2　社区连接与维护"的任务是疏通社区连接途径、维护社区关系；根据任务内容设计了任务流程；根据任务流程逐步开展任务实施；介绍了社区连接必备的业务知识和必备的业务要领，并围绕社区连接任务拓展了相关知识、技巧和经验。最后，安排了门店所在社区服务综合实训，形成最终的门店所在社区服务总结报告。

 思考题

1. 如何进行社区服务活动策划？

2. 如何开展社区服务活动？

3. 如何进行社区连接与维护？

08

工作领域 8　智能设备与技术应用

 工作领域描述

　　智能设备与技术可以大大提高房地产经纪业务效率，是房地产经纪人的好帮手。应用 APP 可以进行房源委托与发布，促进销售，提高交易服务质量。应用 VR 可以丰富房源的信息展示，给客户更真实的看房体验和更方便的选房渠道，降低快速了解大量房源的成本，提高给客户匹配房源的效率。

 工作领域内容

　　1. 应用 APP 房源委托与发布；

　　2. 房源 VR 采集与发布。

 工作技能要求

　　1. 能够理解房地产经纪服务职业标准和工匠精神；

　　2. 能够熟悉房地产 APP；

　　3. 能够熟悉房地产 VR；

　　4. 能够应用 APP 进行房源委托与发布；

　　5. 能够进行房源 VR 采集与发布。

任务 1　应用 APP 房源委托与发布

1.1　任务情景

孙 ×× 在师傅王 ×× 的指导下按计划完成社区服务训练任务，学习并深化了很多岗位知识，能够理解房地产经纪服务职业标准和工匠精神；能够进行社区服务活动策划；能够进行社区服务活动实施；能够进行社区连接与维护。王 ×× 看到孙 ×× 的实训报告，认为他在"工作领域 7　社区服务运营"的技能培训达到了要求。

按照技能培训计划，孙 ×× 开始进入"工作领域 8　智能设备与技术应用"的训练。王 ×× 告诉徒弟，智能设备与技术在房地产交易领域应用广泛，房地产经纪人至少要学会应用 APP 房源委托与发布、房源 VR 采集与发布。孙 ×× 非常佩服师傅的长远眼光，走在了数字化的前列。按照师傅的安排，先从"应用 APP 房源委托与发布"开始，学习应用智能设备与技术。

1.2　任务分析

应用 APP 房源委托与发布任务内容主要有 2 项：

（1）APP 房源委托；

（2）APP 房源发布。

1.3　任务流程

智能设备的选用任务流程有 4 个步骤：

（1）APP 业主端入口操作；

（2）APP 房源委托；

（3）APP 房屋估价；

（4）APP 房源发布。

1.4　任务实施

1. APP 业主端入口操作——以链家 APP 为例

（1）熟悉链家 APP 的功能

1）对业主来说，可以了解房源销售状况，增强信任；可以提升房源热度，促进销售。

2）对经纪人来说，可以了解业主动态，更好维护业主；可以排序提升房源，促进销售。

（2）在手机上下载安装链家 APP。手机应用市场里搜索到链家 APP，点击下载即可，与下载其他 APP 类似。

2. APP 房源委托——以链家 APP 为例

打开链家 APP，进入链家 APP 业主端。

（1）路径 1：首页—我是房主—管理委托，如图 8-1 所示。

（2）路径 2：底部「我」–我的委托，如图 8-2 所示。

图 8-1　链家 APP 业主端界面"我是房主"　图 8-2　链家 APP 业主端界面"我的委托"

3. APP 房屋估价——以链家 APP 为例

（1）房屋报价是一件难以决断的事情。

1）对业主来说，我要卖房但是不知道房子该报多少钱？经纪人告诉我现在房子应该卖 ×× 元，到底准不准？

2）对经纪人来说，业主报盘时，不了解该区域的房屋价格？业主报价过高，后面议价困难怎么办？

（2）使用"我要估价"功能可以方便地进行房屋估价。

使用 APP"我要估价"功能，选择物业地址确定房屋，也可通过输入信息进行估价，适用于业主在委托前预估房屋价格，制定报价，如图 8-3 所示。

图 8-3　使用链家 APP"我要估价"功能进行房屋估价

4. APP 房源发布——以链家 APP 为例

（1）出售房源发布。业主可以自助卖房，也可以找经纪人卖房，如图 8-4 所示。业主线上委托房源，将由信息核实后录入房源，再将其推荐给经纪人。推荐规则：经纪人成长系统中的卖方服务力，分值由高到低排序，优先展示责任盘，推荐上限（3 套）/1 人。

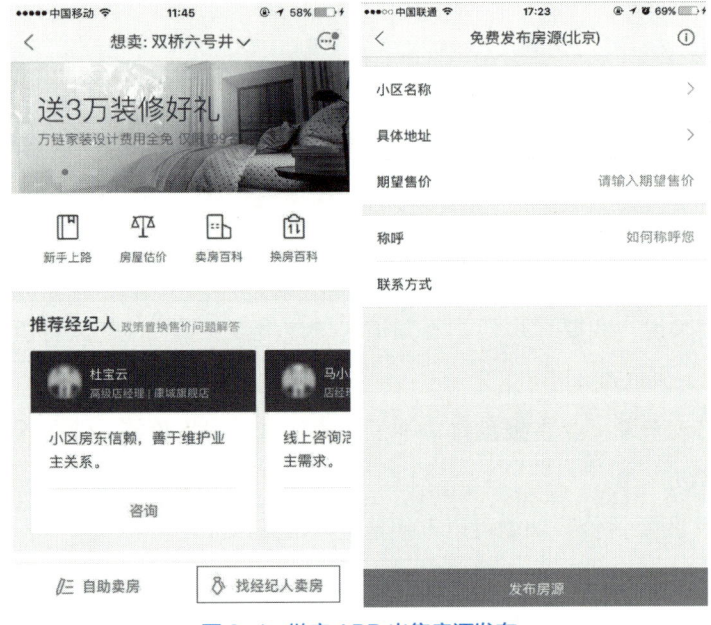

图 8-4　链家 APP 出售房源发布

（2）出租房源发布。点击"我要出租"编辑租赁房源信息，如图8-5所示。发布后有专人联系业主核实房源，确认后发布。

图8-5　链家 APP 出租房源发布

任务 2　房源 VR 采集与发布

2.1　任务情景

孙 ×× 在应用 APP 房源委托与发布上开局顺利，在师傅王 ×× 的指导下很快就掌握了全部操作要领。王 ×× 对孙 ×× 在应用 APP 房源委托与发布方面的表现比较满意，认为徒弟学习应用智能设备与技术大有潜力。

按照技能培训计划，孙 ×× 开始进入"智能设备与技术应用"的第 2 个任务是"房源 VR 采集与发布"。王 ×× 说这个任务是应用 VR 技术，可以丰富房源的信息展示，提高给客户匹配房源效率。孙 ×× 对 VR 充满期待，这是第 8 个工作领域最后一个任务了，一定要训练优秀，完美收官。

2.2　任务分析

房源 VR 采集与发布任务内容主要有 2 项：

（1）房源 VR 采集；

（2）房源 VR 发布。

2.3 任务流程

房源 VR 采集与发布任务流程有 6 个步骤：

（1）熟悉 VR 采集与发布的功能；

（2）认识房源 VR 采集套装；

（3）VR 采集的现场准备；

（4）VR 采集；

（5）VR 发布前四项工作；

（6）房源 VR 发布及下架。

2.4 任务实施

1. 熟悉 VR 采集与发布的功能

（1）VR 对经纪人来说作用有 3 个。

1）能力提升。拍摄 VR 与跑盘 / 空看结合，提升基础业务能力。

2）快速了解房源。降低快速了解大量房源成本，提高给客户匹配房源效率。

3）增加商机渠道。C 端 VR 展位、B 端分享展位、VR 带看。

（2）VR 对业主来说作用有 3 个。

1）更少的无效打扰。

2）更多的房源曝光。

3）更快的房屋成交。

（3）VR 对用户来说作用有 3 个。

1）更丰富的信息展示。

2）更真实的看房体验。

3）更方便的选房渠道。

2. 认识房源 VR 采集套装——以贝壳找房为例

房源 VR 采集套装主要由 6 个工具组成，其操作要点如图 8-6 所示。

3. VR 采集的现场准备——以贝壳找房为例

VR 采集前的现场准备必须充分，才能保证采集质量。拍摄前尽量清理下房屋保证基本的视觉体验，必须做到的准备工作：

（1）打开房屋内所有灯光照明与窗帘。

（2）关闭房屋内所有的窗户，关闭马桶盖。

（3）业主、租户照片、个人衣物等提前遮挡或收起。

【全景相机】
➤ 保持镜头干净无污渍
➤ 保护镜头无磨损破碎
➤ 提前充电带好充电宝

【手机】
➤ 适配部分安卓TOP机型
➤ 苹果7或7以上

【三脚架】
➤ 脚架支开要温柔
➤ 脚架螺母适度拧

【手机夹】
➤ 手机夹固定莫大力

【低压充电头】
➤ 相机充电时用标配低
压充电头，否则会烧
毁主板
➤ 无低压充电头/电量极
低时，必须用USB连
接电脑充电

【如视VR】
➤ 认准安卓下载二维码
➤ 苹果到 APP Store 下载

图 8-6　房源 VR 采集套装

（4）打开房屋内所有功能间的门并做固定，小空间的门需要半固定。

4. VR 采集——以贝壳找房为例

（1）点位放置。点位影响 VR 全景漫游及自动户型图生成，通常住宅的点位放置如图 8-7 所示。点位放置要点：

1）第一个点位，通常选择客厅空旷位置；

2）门／垭口下面必须放点位，门下居中放；

3）确认采集路线，顺／逆时针进行拍摄；

4）按顺序连贯摆点，点之间间隔不超过 1.5m。

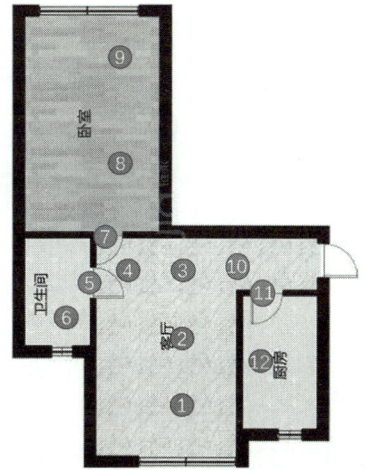

图 8-7　住宅 VR 采集的点位放置

（2）拍摄模式切换。不同的拍摄模式会影响 VR 画质。拍摄过程中会遇到阳光直射、阴天、室内采光不好等问题，此时就可以切换不同的拍摄模式：光线强时使用强光模式；光线弱时使用弱光模式。支持一个点位的模式切换和整体模式切换，如果仅一个位置光线有问题的话，记得及时切换为正常模式。

（3）项目拍摄。按点位放置拍摄。移动相机过程中一定要缓慢，拍摄人面朝手机屏幕进行移动，严禁多人围观，拍摄界面定位点同时移动。

5. VR 发布前四项工作——以贝壳找房为例

VR 发布前四项工作也叫发布项目四要素，即绑定房源、设置起始视角、确定户型图和确定实勘图。

（1）绑定房源。操作界面，如图 8-8 所示。主要步骤：

一是预览 VR 是否合格；

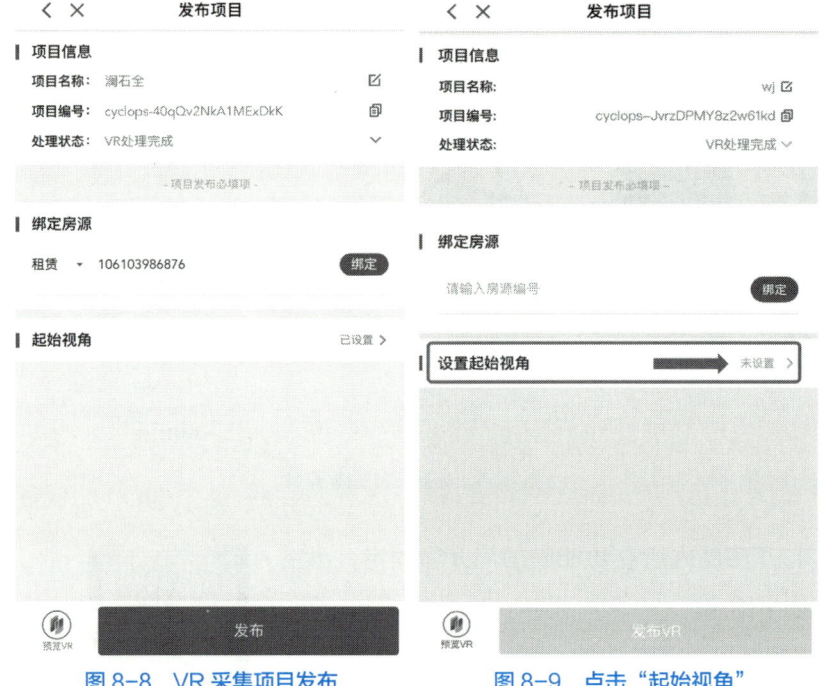

图 8-8　VR 采集项目发布　　　　图 8-9　点击"起始视角"

二是输入房源编号；

三是点击绑定；

四是二次核对信息；

五是信息无问题，点击确认。

（2）起始视角设置。起始视角为客户未进入 VR 时看到的首图以及标题图角度，请选择合适角度，建议客厅和卧室朝窗户方向。具体操作：

1）在发布项目界面，点击"起始视角"，如图 8-9 所示。

2）在 VR 中移动或旋转，选择合适位置，如图 8-10 所示。

3）合适位置选择后，点击"设为起始视角"，如图 8-11 所示。

（3）确定户型图。若系统有挂接的标准图，会优先推荐展示标准图；如无标准图，系统生成户型图为无方向、无尺寸的非标图。因经纪人拍摄效果和技术等问题，自动非标图会存在一定的错误率及未出图概率，经纪人可自行上传正确图片；上传图片尺寸要求为 1440×1080，上传新户型或者下载户型图，均需打开 APP 使用相机权限。具体操作有三个步骤：

1）点击"户型图"，如图 8-12 所示。

2）确认户型图是否正确，正确点"确认"，错误则自己上传正确户型图，如图 8-13 所示。

图 8-10　在 VR 中移动或旋转选择合适位置　　图 8-11　点击"设为起始视角"

图 8-12　点击"户型图"　　　　图 8-13　确认户型图是否正确

（4）确定实勘图。标题图根据初始点位自动生成，经纪人必须通过"修改分间"修改标题图名称。系统会自动生成实勘图片，经纪人也可以点击"编辑"，经纪人可进行删除或者新增，操作完成后一定要点击"完成"进行保存。为了保证 C 端展示效果，每个功能间建议截取 1~2 张实勘图片。具体操作步骤：

1）点击"实勘图"，如图 8-14 所示。

2）点击"编辑"，如图 8-15 所示。

3）"点击修改分间"，进行命名，如图 8-16 所示。

4）删除或增加实勘图片，如图 8-16 所示。

5）点击"完成"，如图 8-17 所示。

图 8-14　点击"实勘图"　　　　　　　图 8-15　点击"编辑"

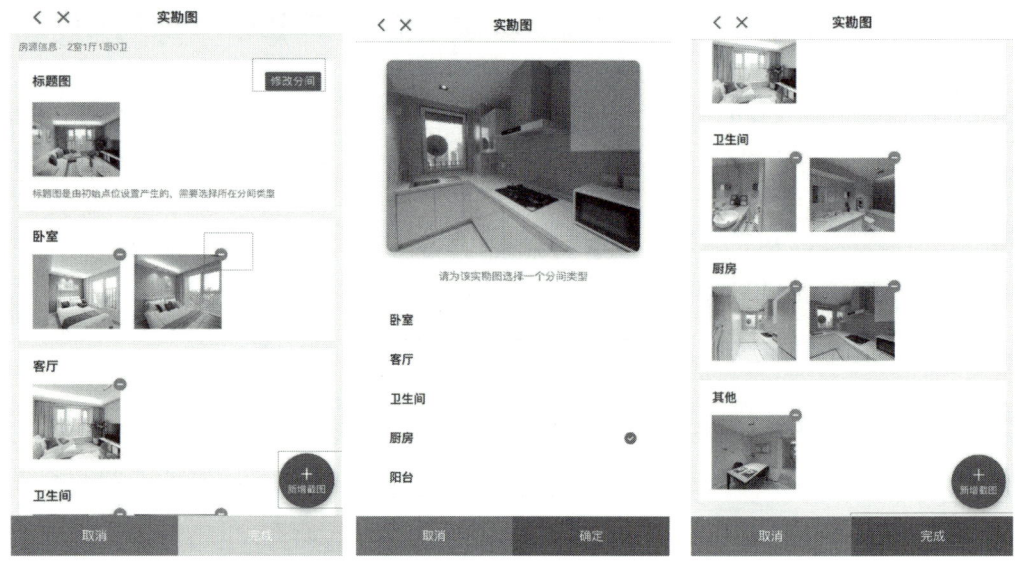

图 8-16　点击"修改分间"，删除或增加实勘图片　　　　　　图 8-17　点击"完成"

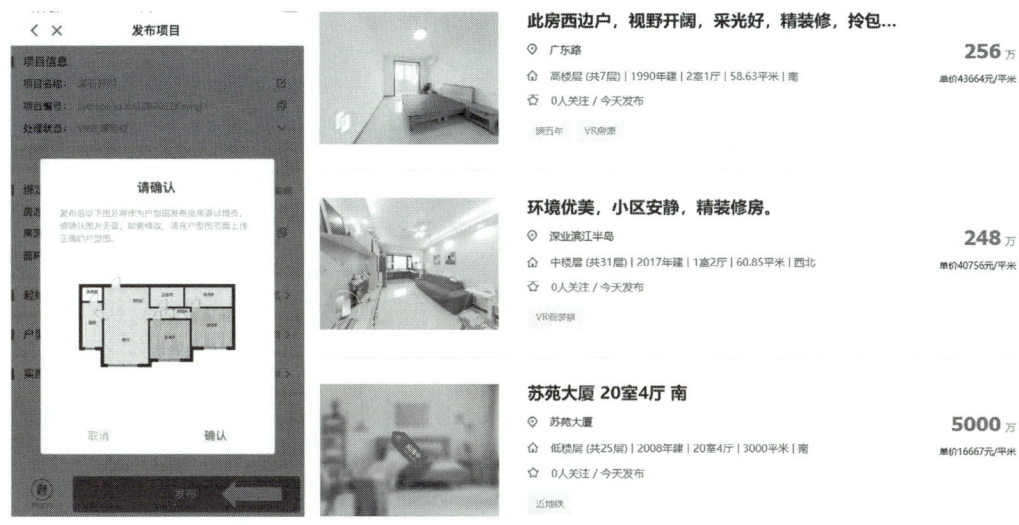

图 8-18　房源 VR 发布

6. 房源 VR 发布及下架——以贝壳找房为例

（1）房源 VR 发布。房源绑定＋起始视角＋户型图＋实勘图均设置后，在项目发布页点击"发布 VR"，再次确认户型图是否正确，点击"确认"发布成功，如图 8-18所示。

VR 发布成功后，首页项目变为"已发布"状态，房源端同时生成 VR 拍摄人，内外网 2h 内进行展示。

（2）房源 VR 下架。发布 VR 后，发现问题需要对 VR 修改时，需先下架 VR，如图 8-19 所示。下架 VR 后，实勘图片和 VR 同时被撤回，VR 拍摄人角色自动清除。

2.5　综合实训

1. 实训名称

门店智能设备与技术应用。

2. 实训内容

演练 1　应用 APP 房源委托与发布；

演练 2　房源 VR 采集与发布。

3. 实训作业文件

门店 VR 房源 APP 委托与发布。

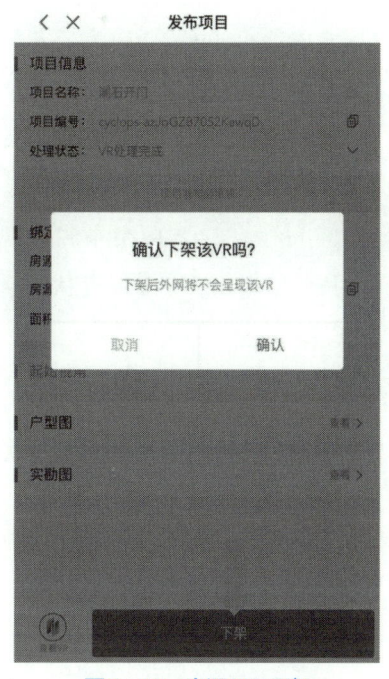

图 8-19　房源 VR 下架

小结

　　智能设备与技术应用工作领域主要有两个工作任务。"任务 1　应用 APP 房源委托与发布"的任务是 APP 房源委托、APP 房源发布；根据任务内容设计了任务流程；根据任务流程逐步开展任务实施，即 APP 业主端入口操作、APP 房源委托、APP 房屋估价和 APP 房源发布。"任务 2　房源 VR 采集与发布"的任务是房源 VR 采集、房源 VR 发布；根据任务内容设计了任务流程；根据任务流程逐步开展任务实施，即熟悉 VR 采集与发布的功能、认识房源 VR 采集套装、VR 采集的现场准备、VR 采集、VR 发布前四项工作、房源 VR 发布及下架。最后，安排了智能设备与技术应用综合实训，形成最终的门店 VR 房源 APP 委托与发布报告。

思考题

1. 如何应用 APP 进行房源委托与发布？
2. 如何开展房源 VR 采集与发布？

技能考核点：房源 VR 采集与发布

考核内容：房源 VR 采集与发布。

考核标准：1. 房源 VR 采集设备使用说明；

　　　　　2. VR 采集工作流程；

　　　　　3. VR 采集点位选择与拍摄效果；

　　　　　4. VR 发布前工作。

技能鉴定方法：参照考核标准进行打分鉴定。

参考文献

[1] 陈林杰，梁慷，张雪梅．房地产经纪实务 [M]. 4 版．北京：机械工业出版社，2021.

[2] 陈林杰，张家颖，王园园．房地产营销与策划实务 [M]. 3 版．北京：机械工业出版社，2021.

[3] 陈林杰，樊群，蒋丽．房地产开发与经营实务 [M]. 5 版．北京：机械工业出版社，2021.

[4] 陈林杰，汪燕，吴涛，等．房地产经纪综合实训 [M]. 2 版．北京：中国建筑工业出版社，2017.

[5] 陈林杰，周正辉，吕正辉，等．房地产营销综合实训 [M]. 2 版．北京：中国建筑工业出版社，2017.

[6] 中国房地产估价师与房地产经纪人学会．房地产基本制度政策 [M]. 3 版．北京：中国建筑工业出版社，2020.

[7] 中国房地产估价师与房地产经纪人学会．房地产经纪职业导论 [M]. 3 版．北京：中国建筑工业出版社，2020.

[8] 中国房地产估价师与房地产经纪人学会．房地产经纪业务操作 [M]. 3 版．北京：中国建筑工业出版社，2020.

[9] 中国房地产估价师与房地产经纪人学会．房地产经纪专业基础 [M]. 3 版．北京：中国建筑工业出版社，2020.

[10] 中国房地产估价师与房地产经纪人学会．房地产经纪综合能力 [M]. 3 版．北京：中国建筑工业出版社，2020.

[11] 中国房地产估价师与房地产经纪人学会．房地产经纪操作实务 [M]. 3 版．北京：中国建筑工业出版社，2020.

[12] 中华人民共和国住房和城乡建设部．全国房地产经纪人资格考试大纲（2020）[M]. 北京：中国建筑工业出版社，2020.

[13] 谢海生，张有坤．房地产新领域开拓与服务升级研究 [J]. 建筑经济，2019（9）：5-9.

[14] 谢海生，王艳飞，李怡晴.我国房地产产品升级路径研究[J].建筑经济，2019，40（4）：6–11.

[15] 陈林杰，周正辉，曾健如，等.全国房地产业务技能大赛的设计与实践[J].建筑经济，2014（12）：32–36.

[16] 陈林杰.我国房地产专业人员的职业分类与分级管理[J].产业与科技论坛，2014（18）：206–207.

[17] 陈林杰，徐治理.我国房地产营销师职业标准研究[J].中外企业家，2015（27）：133.

[18] 陈林杰，韩俊.我国房地产经纪人职业标准研究[J].中外企业家，2015（28）：165.

[19] 陈林杰，樊群，梁慷，等.我国房地产置业顾问职业标准研究[J].基建管理优化，2016（2）：22–26.

[20] 陈林杰，梁慷.验房师职业标准研制与职业能力评价[J].建筑经济，2016，37（1）：109–114.

[21] 陈林杰，郭井立.中国新兴地产现状及其发展前景[J].基建管理优化，2015，27（4）：9–11.

[22] 陈林杰，郭井立.中国新兴商业地产运作策略[J].基建管理优化，2016，106（1）：2–6.

[23] 陈林杰.房地产网络营销的特点及方法分析[J].基建管理优化，2016（3）：8–11.

[24] 陈林杰.房地产电商的类型特点及应用探索[J].产业与科技论坛，2015（11）：178–179.

[25] 陈林杰.房地产项目一二手联动营销方法及其发展分析[J].基建管理优化，2015（3）：2–4.

[26] 北京市消费者协会，天津市消费者协会，河北省消费者权益保护委员会.房地产经纪服务要求：T/TJCA 01—2019[S].2019.